LE LIVRE DES PSYCHO-PIÈCES

Illustration des 24 psycho-pièces

Mario G. Saintonge

LE LIVRE DES PSYCHO-PIÈCES

Une dimension nouvelle dans l'art de s'aider soi-même

Nouvelle édition

Editions de Mortagne

Édition:
Les Éditions de Mortagne
171, boul. de Mortagne
Boucherville (Québec)
J4B 6G4

Distribution:
Tél.: (514) 641-2387

Couverture:
Michel Bérard

Conception graphique des psycho-pièces:
Mario G. Saintonge

Dépôt légal:
Bibliothèque nationale du Canada
Bibliothèque nationale du Québec
4e trimestre 1986

ISBN: 2-89074-228-8

2 3 4 5 - 86 - 91 90 89 88

IMPRIMÉ AU CANADA

Au Père céleste, à mes parents et à mon frère qui ont participé à mon évolution personnelle, ainsi qu'à mon épouse, qui a été une source d'encouragement durant la rédaction de cet ouvrage.

«D'où venons-nous? Que sommes-nous?
Où allons-nous?»

Paul Gauguin

Table des matières

Introduction

L'idée d'écrire un livre sur l'outil de travail personnel que j'ai nommé «psycho-pièces» m'est apparue de façon tout à fait inattendue.

Vous avez sans doute observé dans votre vie personnelle que vos meilleures idées, vos meilleurs projets ou créations sont arrivés également de cette manière. Et le plus drôle dans tout cela, c'est que votre esprit se trouvait peut-être à cent kilomètres de là, absorbé par un sujet complètement différent.

Le cerveau fonctionne d'une façon bien spéciale, en effet. Le désir de créer un tel outil de travail à base psychologique naquit il y a environ un an de cela. Semblable à un grain semé et oublié, la nature a fait son propre travail de germination à l'intérieur du sol du subconscient. Mon idée était sans doute prête à voir le jour, car il y a quelque temps, alors que j'étais assis à ma table de travail en train de penser à tout et à rien, un instant «vide», en fait, c'est à ce moment-là que l'idée m'est apparue.

Il y a dans la vie des périodes creuses où «rien» ne se passe et où il semble qu'il n'y a plus rien à découvrir. Vous connaissez peut-être l'expression: «Ce n'est que l'accalmie avant la tempête»? Eh bien, c'est précisément à travers ces prétendues «périodes creuses» de la vie que naissent des changements majeurs chez une personne, des transformations souvent même très radicales, allant d'un changement de conjoint, d'emploi, d'habitudes à la création de nouveaux tableaux, de nouvelles musiques, etc.

C'est la voie du destin (et non pas le fatalisme) qui nous attend tous. Ce destin se divise en deux parties. La première, le destin conscient, celui que l'on peut prédire à travers une bonne planification. C'est celui que l'on vit tous les jours, le quotidien parfois routinier. Le deuxième, c'est le destin inattendu ou impromptu, imprévisible, celui qui nous prend par surprise. C'est celui-là qui m'a particulièrement surpris il y a environ un an, lorsque j'étais assis à ma table de travail. Le plus fascinant à l'intérieur de tout cela, c'est que le futur nous réserve de nombreuses surprises inconcevables: de «bonnes» et de «moins bonnes», bien entendu.

Mais n'est-ce pas comme cela que va la vie avec ses hauts et ses bas, tout aussi nécessaires les uns que les autres? Car, sans les nuages, comment pourrions-nous apprécier le beau temps!

Dans notre monde occidental, nous avons une vision bien troublée de ce qui est «bien» et «mal», «bon» ou «mauvais». En ce qui nous concerne, c'est l'un ou l'autre; ce sont les extrêmes. Malheureusement, les effets d'une telle perception sont très connus: culpabilité, stress, ulcères d'estomac, migraines, etc.

Dans le monde oriental, il n'y a pas que le pays qui soit situé à l'opposé du nôtre, mais certaines des perceptions le sont également.

Depuis des millénaires, les Chinois emploient (dans la philosophie taoïste entre autres), les concepts du YIN et du YANG pour se représenter les idées prétendument opposées. Le YIN est cette force négative, passive, réceptrice, représentant la nuit, l'hiver, le féminin, etc. Le YANG est cette force positive, active, créatrice, représentant le jour, l'été, le masculin, etc. Les Chinois conçoivent l'idée du bien et du mal comme faisant partie intégrale d'une seule et même réalité. Ces deux forces sont nécessaires à l'équilibre naturel et représentent la complémentarité dans la dualité de tout ce qui existe.

Observez vous-même: tout n'est jamais blanc ou noir dans la vie. Comme le représente si bien le symbole YIN-YANG, chaque force contient en elle le germe de son opposé.

1. Le **YIN** et le **YANG**

Il faut apprendre tout le long de notre vie à trouver notre propre équilibre intérieur. La vie est une école où il y a des séries de leçons à apprendre. Tant et aussi longtemps qu'on ne les aura pas apprises, il faudra les recommencer.

Acceptez les soit-disant divergences de notre sujet principal, chers lecteurs et lectrices, car vous venez tout juste de vous procurer un volume, votre laissez-passer qui vous emmènera dans de multiples voyages intérieurs.

Bien que l'outil lui-même, les psycho-pièces, soit nouveau, le concept, lui, remonte à des milliers d'années sous sa forme symbolique.

Bien avant que l'alphabet et le langage fassent leur apparition, les dessins et les gravures symboliques figuraient déjà sur les murs des cavernes. Le symbolisme a su garder une place de première importance dans la vie courante de l'être humain.

Vous connaissez peut-être des outils symboliques tels que le tarot, les runes et le Yi-King des Chinois. Bien qu'utilisés comme oracles, c'est-à-dire comme instruments de divination, ils étaient également étudiés pour leur grande sagesse cachée à l'intérieur de leur symbolisme.

Le livre des psycho-pièces se présente comme un outil moderne de croissance personnelle ayant ses racines au début de la race humaine.

Vous vous apercevrez rapidement en utilisant vos psycho-pièces, qu'elles vous serviront de point de repère, d'auto-analyse, de compagnon de voyage et sauront refléter vos pensées, vos désirs, tels que vous les vivez à l'instant présent, car, pour apprendre à se connaître, il faut se regarder et s'accepter tel que l'on est avec ses qualités et ses défauts, avant même de vouloir changer quoi que ce soit. D'ailleurs, on ne peut changer que ce dont on est conscient.

Dans ce présent ouvrage, vous découvrirez non seulement l'utilisation des psycho-pièces comme outil de croissance personnelle, mais également il vous sera fait part d'expériences en relation d'entraide, de faits vécus, d'observations et de méthodes de développement global de la personne.

Bon voyage intérieur!

CHAPITRE I

SITUONS-NOUS

Illustration des 24 psycho-pièces

William Blake a dit que «la plupart des hommes regardent avec leurs yeux; moi, je regarde à travers, comme on regarde à travers une vitre.»

Le but du livre

Le but de ce livre est d'introduire un nouvel outil dont les racines plongent dans un passé millénaire. Adapté pour l'être contemporain, le livre des psycho-pièces a nécessité de nombreuses heures de recherche en ce qui concerne la terminologie, la psychologie, la sagesse et le langage SYMBOLIQUE et universel, attributs communs aux livres anciens tels que le tarot et le Yi-King.

En ce qui nous concerne, bien que le symbolisme soit un langage commun et universel à tous les systèmes de pensée, pour la plupart d'origine orientale ou européenne, tels que le Yi-King ou le tarot, le livre des psycho-pièces se veut une psychothérapeutique d'orientation. Cela n'empêchera en rien certaines personnes de l'utiliser selon ses désirs et ses convictions.

Contexte historique

Afin de mieux nous situer dans le temps et dans l'esprit de nos ancêtres et dans le but de nous faire apprécier le livre des psycho-pièces, il serait bon de revenir en arrière.

Le problème que rencontrent tous les auteurs concernant l'origine et le côté historique de tous ces sujets anciens, comme le tarot, c'est précisément d'en connaître véritablement la provenance, le développement et l'utilité dans le contexte de l'époque. Dans de telles circonstances, il faut se fier presque aveuglément aux historiens, aux anthropologues et aux divers fragments écrits qui y font référence et peut-être même surtout à notre propre intuition.

Dans le monde occidental, à cause principalement de ses racines judéo-chrétiennes, il est plus commun pour la plupart de connaître le tarot plutôt que tout autre instrument de transformation personnelle. Un simple regard sur les 22 arcanes (cartes) majeurs du tarot permet rapidement de comprendre qu'il a été teinté et inspiré du Christianisme; il suffit de regarder le choix de leurs images symboliques.

Les premiers langages

Le langage (ou la symbolique) des psycho-pièces peut, de prime abord, sembler étrange, ce qui est tout à fait normal. N'avons-nous pas employé le mot langage?... Et comme pour tout apprentissage d'un nouveau langage, il faut y consacrer le temps nécessaire avant de commencer à comprendre les principes fondamentaux, le sens, l'emploi et la signification des images et idées culturelles.

Bien que les symboles n'aient jamais été utilisés dans la langue courante, ils sont eux-mêmes un langage, un code secret, représentant différentes formes d'idées, différents messages. Nos ancêtres savaient bien comment communiquer entre eux, en représentant symboliquement une situation, un événement ou un danger à venir.

L'illustration 2 nous montre différents symboles utilisés pour transmettre les messages. Il est important d'ajouter que la

2. Ces dessins sont inspirés de gravures anciennes sur pierres.

signification du symbole dépasse largement la représentation. Un exemple suffira pour concrétiser cette idée: la lune, représentée ici par un croissant, semble signifier universellement la noirceur, l'obscurité, le mystère, l'illusion, car bien que l'on croit qu'elle donne de la lumière (signe de vérité), elle n'est, en réalité, que le reflet du soleil. Elle n'émet aucune lumière; c'est pour cette raison qu'elle est associée aux illusions. La lune est également associée aux changements car elle traverse des phases différentes et change de forme chaque mois, etc.

Vous pouvez voir que les significations attribuées à la lune sont nombreuses et veulent dire plus que ce que peut représenter ce simple satellite suspendu là-haut dans le ciel étoilé. L'histoire du symbolisme nous démontre que toute image, tout objet peuvent revêtir une valeur symbolique: les animaux, les arbres, les pierres, les bijoux, les dessins, etc.

L'illustration 3 nous montre l'importance contemporaine des symboles que l'on retrouve dans notre quotidien.

La fameuse croix «chrétienne» est un symbole qui remonte à l'Égypte ancienne, la Chine et la Grèce. Chacune de ses branches représente la maîtrise des quatre éléments: la terre (tout ce qui est physique et matériel), l'eau (l'aspect émotionnel), l'air (le côté intellectuel) et le feu qui représente la volonté. La croix symbolise aussi les quatre points cardinaux, la valeur ascensionnelle, une échelle, un pont, une clef, le serpent, le sacrifice, la matière, l'abandon, l'initiation, etc.

En effet, toujours aussi vivants aujourd'hui, les symboles font partie du monde dans lequel nous vivons. Les symboles ont pour effet de nous inciter à explorer les différentes dimensions de notre existence. De plus, n'ayant pas de définition claire et précise, les symboles stimulent notre côté intuitif et psychique en nous faisant projeter nos idées par l'entremise d'une image.

3. Symboles contemporains.

Situés au cœur de notre intelligence spirituelle créatrice (relevant de l'esprit, de l'intuition et d'une conscience transcendantale), les symboles nous donnent l'occasion d'exprimer les idées et les concepts qui seraient difficilement transmissibles verbalement ou sur papier. Car un symbole échappe à toute définition à cause de son contenu subjectif, personnel à chacun de nous. Un symbole se veut presque entièrement un stimulateur d'idées et de réflexions.

Pour le psychiatre Sigmund Freud et le psychologue suisse Carl Gustav Jung, l'interprétation des rêves et des symboles était de première importance afin de comprendre le fonctionnement de l'inconscient. (Afin de poursuivre vos études et d'enrichir votre «vocabulaire» symbolique, nous vous encourageons fortement à consulter le «Dictionnaire des symboles».)

CHAPITRE II

«LA PSYCHO-PIÈCOLOGIE»

Vivre intensément le moment présent:
voilà une base majeure du bonheur.

Le voyage intérieur

Depuis des milliers d'années, l'être humain s'interroge sur le but de son existence. Ne se contentant pas uniquement de vivre son quotidien de façon routinière, l'homme n'a pas cessé de spéculer quant à l'origine de la création. Ce qui est d'ailleurs chose normale, puisque c'est là ce qui distingue l'intelligence illimitée de l'homme par rapport à celle, limitée, des animaux.

Aujourd'hui, tout comme dans l'ancien temps, ce sont les mêmes questions qui reviennent: pourquoi naître, vieillir, souffrir et mourir? L'autre question presque aussi cruciale consiste à se demander ce que demain nous réserve.

La quête religieuse (surnaturelle) de l'homme à débuté avec sa peur de l'inconnu, sa peur du lendemain. Pour lui, l'ignorance est synonyme d'insécurité, de soumission, d'anxiété et d'impuissance face aux forces de la nature qui semblent parfois hostiles. Par conséquent, UNE réponse (et pas nécessairement LA «vérité») dut être trouvée afin de venir combler ce vide obscur à l'intérieur du subconscient.

Certains trouvèrent la paix du cœur et de l'esprit par l'entremise de la magie, de la divination, du spiritisme et des superstitions et, bien entendu, par la foi qui remplaça la peur et leur donna une raison de vivre.

Que vous ayez la foi ou non, cela ne change rien à la curiosité de l'homme pour son lendemain. «Connais-toi toi-même et tu connaîtras l'univers...» disait Socrate. Voici justement notre point de départ, car se connaître soi-même, c'est en vérité connaître les autres; et connaître les autres, c'est connaître l'univers dont nous faisons partie.

Comment peut-on vraiment connaître une autre personne, si on ne se connaît pas soi-même?

C'est à partir de l'observation objective de soi, avec ses peurs, ses joies, ses qualités et ses défauts que l'on atteint la paix et la sérénité de l'âme (de l'esprit).

Comment peut-on apporter de l'aide psychologique à quelqu'un d'autre, si l'on est mentalement préoccupé par ses problèmes. Un aveugle peut-il guider un autre aveugle?

Vous avez le contrôle

Si je vous disais que le futur est largement déterminé par le moment présent! Me croiriez-vous? Peut-être que oui mais peut-être que non. De toute façon, c'est quelque chose qu'il faut expérimenter soi-même. Si vous n'êtes pas pleinement présent et conscient au moment même où vous lisez ces pages, il y a de fortes chances que vous n'en reteniez pas le contenu.

De la même façon, si votre conscience n'est pas entièrement présente dans chacune de vos activités (physique ou mentale) quotidiennes, si minimes soient-elles, vous ne pourrez pas connaître ce que demain vous réserve, car c'est que vous dormez!

Vous souffrez de ce que l'on appelle le mal de «l'inconscience automate»! C'est-à-dire que vous vous comportez comme des robots programmés à se lever, à se brosser les dents, à faire leur toilette, à manger et à travailler pour ensuite revenir chez eux le soir pour manger, regarder la télé, se brosser les dents, faire sa toilette, se coucher pour se lever *ad infinitum* et la roue continue à tourner.

Si le chapeau vous va, la vérité vous choque peut-être? Mais, rassurez-vous, vous n'êtes pas le seul à «*exister*» de cette façon! «*Vivre*» pleinement et consciemment *commence* au moment où vous prenez conscience qu'exister n'est pas synonyme de vivre. Vivre consiste à *s'observer* dans sa façon d'être, d'agir, de manger, de parler, et de se remettre régulièrement en question.

Nous allons quand même vous laisser le bénéfice du doute; peut-être êtes-vous déjà trop conscient de ce qui vous fait souffrir à cause du fait que vous ne pouvez pas *tout* améliorer sur vous, ainsi que les gens de votre entourage. À vous d'en juger! Encore une fois, il faut trouver son équilibre personnel car la souffrance est souvent le signe de l'excès!

Le fait même de vous être procuré cet ouvrage est signe que vous avez besoin de vous évader, de vous détendre, de connaître, de réfléchir, de méditer.

Tout semble se résumer en trois mots: «Connaître son lendemain!» Tout semble pivoter autour de ces mots. Si je médite, c'est dans le but de mieux contrôler les événements à venir.

Si j'étudie, c'est pour en savoir davantage. Si je me relaxe, c'est dans l'espérance d'être plus alerte et en meilleure forme dans le futur. C'est pour cette raison qu'il faut être *pleinement présent* à chaque instant. C'est l'éternel moment présent, l'ici et le maintenant.

CHAPITRE III

DESCRIPTION DES PSYCHO-PIÈCES

Un symbole vaut mille mots.

Une perspective globale

Dans le but d'apporter une symbolique pratique et globale à cet outil de croissance personnelle, le livre des psycho-pièces s'est inspiré des thèmes et des symboles que l'on retrouve à travers les runes (première forme d'alphabet des langues germaniques et septentrionales souvent gravé sur pierre pour représentations symboliques). Le tarot, le Yi-King et bien entendu, d'autres symboles sont venus s'ajouter pour toucher tous les grands thèmes de la vie tels que: l'amour, le matériel, le sacrifice, la justice et la chance, etc. «On retrouve donc un total de 24 symboles».

Le format

On a préféré s'inspirer des RUNES scandinaves quant à la présentation sous forme de pièces et pochette pour des raisons pratiques car il se transporte ainsi plus facilement et vous suit quand et où vous le voulez.

Vos amies

Ces psycho-pièces sont vos amies. Prenez-en bien soin car une relation très intime se développera entre elles et vous au fur et à mesure que vous les utiliserez.

Rares, en effet, sont les ami(e)s qui nous jugent, nous critiquent et ne nous condamnent pas. Très rares sont ceux qui veulent et prennent le temps de nous écouter quand on en a besoin. Et encore plus rares sont ceux qui nous donnent des conseils sans pour autant vouloir nous nuire ou nous rabaisser. Également nombreux sont ceux et celles qui sont rapides à donner «*leur*» propre façon de régler les problèmes.

Les psycho-pièces sont vos compagnes de route et la pochette leur maison. N'hésitez pas à les emporter au bureau, en voyage. Vous n'en aurez pas forcément besoin à tout moment, mais c'est rassurant et réconfortant de savoir qu'elles sont là, toutes prêtes à vous tendre une oreille attentive et intéressée.

Elles sont vos «thérapeutes» personnels car elles peuvent très bien vous servir de support additionnel dans vos démarches psychologiques ou tout simplement comme moyen de réalisation de soi.

Bien mieux que des *Valiums*, vos psycho-pièces n'ont que votre bien-être en tête car leur «effet secondaire» est l'autoréalisation de votre potentiel intérieur.

Souvenez-vous toujours que c'est vous qui créez la plus grande partie de votre destin, Dieu se charge du reste. Cessez de remettre la responsabilité de votre vie aux autres. Vous êtes un individu et vos idées sont aussi bonnes que celles des autres!

Vos professeurs (tirage à une psycho-pièce)

Les psycho-pièces sont comme des maîtres, des guides qui vous feront progresser à votre rythme en vous aidant à vous extérioriser. Prenez tous les jours un moment bien à vous, loin de tout bruit et de toute distraction. Décrochez le téléphone ou faites retenir vos appels et accomplissez votre voyage intérieur. Pensez à vous et formulez une question ou laissez la psycho-pièce choisir pour vous. Mélangez ensuite les pièces dans leur pochette. Prenez tout votre temps et laissez vos doigts faire leur choix en palpant au hasard vos psycho-pièces.

Chose surprenante, il semble que c'est toujours la bonne psycho-pièce qui en émerge.

Personnellement, je préfère «tirer» une pièce juste avant mon petit déjeuner. Cela me donne l'occasion de réfléchir à ma journée.

Exemple: À quoi dois-je m'attendre aujourd'hui?

Réponse: C'est la psycho-pièce **le portail** qui en émerge mais dans sa position inversée (↓). J'interprète alors son contenu dans son sens opposé.

En effet, au moment même où je retirais cette pièce de la pochette, j'étais à ma table de travail en train d'écrire cet ouvrage. Elle m'indique que mon travail est loin d'être accompli, que j'ai encore beaucoup de «pain sur la planche» avant de pouvoir m'asseoir et contempler. Cela signifie qu'il me faut encore travailler, écrire et effectuer des recherches et surtout ne pas me presser car il faut être prêt à y mettre tout le temps voulu.

Cette pièce me laisse entrevoir la satisfaction que me réserve l'accomplissement de ce travail.

Durant la journée, j'y fais souvent référence en re-contemplant son message. Cette première psycho-pièce de la journée agit un peu comme un MANTRA dont son contenu m'apporte un support et une base de réflexion sur un thème particulier.

Présentation

Chaque psycho-pièce a son symbole approprié avec ses propres *caractéristiques*. Ces caractéristiques ont pour but de donner de multiples significations et associations possibles afin de faciliter vos réflexions. Elles veulent toutes dire sensiblement la même chose. Veuillez cependant choisir le mot qui est le plus représentatif ou qui répond le plus à votre demande.

↑ Cette flèche représente les caractéristiques dans leur position normale. Elle peut aussi vouloir évoquer les côtés positifs de la pièce.

↓ Cette flèche inversée représente les caractéristiques des pièces dans cette position inversée. Les définitions des pièces ↓ peuvent être interprétées dans leur sens opposé, ↑, clair/sombre, rapide/lent, grand/petit. Leur contenu signifie l'opposé du positif.

Un trait comme celui-ci (—) au bas de certaines psycho-pièces signifie qu'elle est à l'endroit. Si la psycho-pièce était tirée en position inversée, ce trait (—) serait alors dans le haut de la pièce.

Les interprétations vous serviront d'exemples de synthèse des caractéristiques.

À vous d'en rajouter à votre guise.

L'interrogation personnelle est une série d'applications concrètes qui pourra vous aider à mieux assimiler le contenu des psycho-pièces.

Les chapitres suivants vous montreront les aspects théoriques ainsi que diverses techniques d'application possibles avec vos psycho-pièces.

Le matériel — journal de bord

Vos psycho-pièces, une petite pochette, vos propres projections et le livre sont tout ce dont vous avez besoin pour effectuer votre voyage intérieur.

Une des meilleures façons d'apprendre à mieux se connaître, à se défouler et à mettre de l'ordre dans ses idées, c'est d'écrire ce que l'on pense, ce que l'on ressens, bref, ce que l'on vit.

Nous vous encourageons, jour après jour, à noter dans votre journal de bord les questions que vous avez posées à vos psycho-pièces ainsi que les réponses qu'elles vous ont suggérées. N'oubliez pas d'y ajouter vos conclusions et vos actions futures. Vous verrez avec le temps s'il y a un certain degré de répétition dans vos questions. Vous pourrez constater s'il y a eu amélioration ou non. Vous pourrez aussi voir avec laquelle des psycho-pièces vous vous entendez le moins bien. Surtout, ne reculez pas: faites face à cette psycho-pièce que vous ne trouvez pas sympathique. Tôt ou tard, il faudra affronter l'obstacle de parcours qu'elle représente.

La disposition des psycho-pièces

La disposition et l'agencement des 24 psycho-pièces ont été choisis au «hasard». (Si cela existe.) Cela a été fait ainsi pour représenter le côté imprévisible et changeant de la vie.

À vous d'y apporter un ordre précis, si le cœur vous en dit.

«La sagesse vient de notre expérience, et l'expérience vient de nos sottises».

Sacha Guitry

LE SCEPTRE

Maturité, affirmation de soi pouvoir équilibré

Caractéristiques ↑

C'est l'expression de la volonté la plus forte, de l'être authentique, individualiste; c'est l'accomplissement, la domination, l'autorité, le contrôle des masses, l'affirmation de soi; on assume ses responsabilités; c'est aussi la richesse, les possessions, le roi ou la reine, le symbole de succès, le gouvernement, le leadership, le pouvoir mental aiguisé, la domination de l'intelligence sur les instincts; c'est le bâtisseur, son message est de se prendre en main, de maîtriser la matière, d'avoir une vue plus élevée que la plupart des êtres. Celui ou celle qui porte le sceptre a atteint une vision et une perception globales, respectueuses de toutes les entités vivantes; c'est la conscience altruiste, la victoire de la volonté.

Caractéristiques ↓

Immaturité, manque de sagesse et d'expérience, fatuité, manque de réalisme, immaturité émotionnelle, personne soumise et influencée par les autres, personnalité instable, têtue et non réceptive, trop subjective dans ses jugements; perte de pouvoir et de temps, manque d'affirmation, conflit d'intérêt et de valeurs, oppression.

Interprétations

Ce sceptre, que l'on gagne soi-même par des efforts personnels, représente l'homme et la femme qui ont atteint une certaine maturité et dégagent une certaine puissance.

Ils ont mérité le respect de leur entourage parce qu'ils se sont respectés eux-mêmes. L'avenir appartient aux braves et aux tenaces.

Vous avez le courage et la détermination nécessaires pour faire en sorte que vos désirs se réalisent. Cette pièce vous suggère de vous affirmer, de ne pas avoir peur de vous montrer tel que vous êtes. Croyez que vous avez déjà réussi, et vous réussirez. Il faut maintenir une attitude positive, ne pas se laisser détourner de sa course.

Le monde a besoin de leaders, de meneurs et il se peut que l'on vous demande d'assumer des charges vis-à-vis de vos collègues de travail. N'hésitez pas et faites-vous confiance. Le fait même que l'on vous offre des charges additionnelles signifie que vous avez fait vos preuves, que l'on vous fait confiance, alors qu'est-ce qui vous retient?

Le sceptre est remis aux personnes qui n'ont pas eu peur du risque dans leur vie. Les «suiveux» se contentent de suivre...

Si vous avez tiré **le sceptre ↓** , c'est un mal pour un bien; cela vous incitera à ne plus compter sur les autres pour vous faire avancer dans la vie. Cessez de spéculer et de demander des avis à droite et à gauche pour avoir un comportement adéquat.

Vous vous connaissez plus que n'importe qui? Faites profiter les autres de vos qualités, et devenez le meilleur ou la meilleure vendeuse du meilleur produit au monde: vous-même! Cessez de vous rabaisser et de regarder vos défauts; les autres s'en chargent pour vous!...

Interrogation personnelle

Est-ce que je me considère comme une personne mûre? Pourquoi?

Quelles sont mes qualités et les points à améliorer?

Prenez une feuille de papier, faites au centre, une ligne verticale séparant votre page en deux. À gauche, inscrivez les points qui ont besoin d'amélioration (vos «défauts»), et à droite vos qualités.

N.B: Ne soyez pas surpris si la liste de vos «défauts» est plus longue que celle de vos qualités, car la plupart des gens ont une conception très négative d'eux-mêmes. On dirait presque qu'ils se plaisent à s'autocritiquer.

Il est très important dans cet exercice d'y mettre le temps qu'il faut pour «allonger» la liste de vos qualités.

Prendre conscience que vous avez également des qualités est la première étape. La deuxième est peut-être un peu plus difficile; elle consiste à utiliser ces qualités et de croire en vous-même.

Il est moins coûteux de faire une bonne fondation, que d'avoir à y effectuer des réparations par la suite.

LA TOUR

Destruction, changements incontrôlables, accident

Caractéristiques ↑↓

Semblable à la tour de Babel: tout ce qui n'était pas en accord avec les lois de la nature est détruit; les forces agissent contre vous et occasionnent catastrophe, accident, danger, conflit, faillite, anxiété; un nuage noir pourrait surgir dans votre vie; vos modes de vie seront révisés, vos croyances perturbées; la lumière semble être disparue, vos ambitions tombent; c'est la phase du renouvellement par la voie de la destruction contre votre gré, les pulsions instinctives et agressives font leur apparition; c'est la guerre, l'oppression, les maladies, les pertes, la ruine, le besoin de refaire le point avec soi-même en changeant ses habitudes; c'est une situation incontrôlable avec inquiétude, souffrances, etc.

Interprétations

La tour, à l'endroit ou inversée, n'est jamais très plaisante à recevoir. Cependant, c'est à travers la souffrance que l'on acquiert une partie de la sagesse. Tout ce qui est mal bâti, tôt ou tard, s'écroule.

La psycho-pièce de **la tour** représente également le côté inattendu de la vie. D'une minute à l'autre, on ne sait pas vraiment ce qui nous attend. Il faut se tenir sur ses gardes, et se dire que c'est à cause de ces épreuves, de ces peines et de ces joies que nous sommes ce que nous sommes aujourd'hui. L'être équilibré et sage accepte les hauts et les bas incontrôlables de la vie, car il connaît le côté éphémère des choses. Inutile de s'alarmer pour les événements incontrôlables, mieux vaut accepter dès le début.

Il y a plusieurs façons de traiter un problème: 1) l'accepter, 2) lui faire face, 3) le contourner, et 4) l'ignorer. Tôt ou tard, il faut faire face à la montagne; il y a certains problèmes qui risquent de s'aggraver s'ils ne sont pas réglés au moment opportun.

Dans le couple, par exemple, la communication inadéquate représente un des problèmes majeurs. Les gens ont peur de se parler et d'être honnêtes les uns envers les autres sur le plan des idées. On connaît les statistiques alarmantes des séparations.

Interrogation personnelle

Est-ce que je bâtis sur le roc?

Ma structure est-elle solide?

Y a-t-il perte de temps?

Quelle est ma façon de régler les problèmes? Me plaît-elle ou y a-t-il place pour l'amélioration?

Ne vous laissez surtout pas abattre, vous en ressortirez plus fort, et n'hésitez pas à utiliser vos psycho-pièces afin de vous aider à trouver des solutions à vos problèmes.

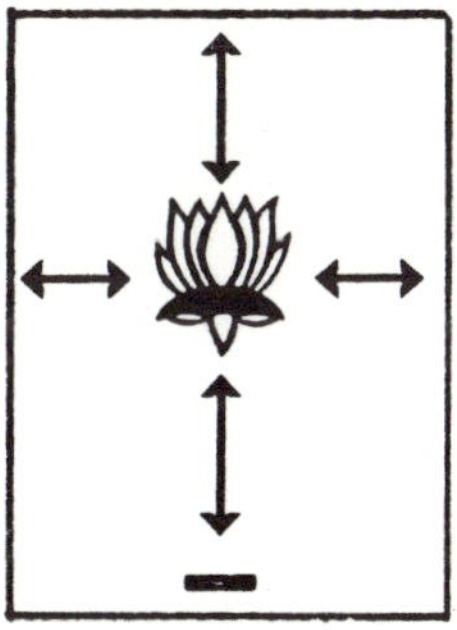

La maîtrise du monde commence par la maîtrise de soi.

LA FLEUR DE LOTUS

Créativité, équilibre, développement, maîtrise de soi

Caractéristiques ↑

Pouvoir, grandeur, humilité, connaissance, maîtrise des éléments (terre, eau, air, feu), acquisition, talents, adresse, esprit vif. Personne qui possède le contrôle de soi, le pouvoir créateur, la force divine, le courage, de l'initiative, de la personnalité; c'est une source d'idées; dénote de la diplomatie, de la volonté, de l'intelligence, de la mémoire, du savoir-faire. C'est l'être perfectionné car il contient le masculin et le féminin. Le soi est développé, en harmonie. Clarté d'esprit, détachement.

Caractéristiques ↓

C'est l'illusion, les pouvoirs mal utilisés, le faux ego, la faiblesse, les complexes, la destruction, les pertes de temps, la déroute, l'indécision, l'attitude négative et non productive, les blocages, l'esprit brouillé, les buts obscurs; grand besoin de travailler sur sa personne.

Interprétations

Il est question de l'être sur la voie de la perfection qui a devant lui tout un monde à découvrir aussi bien à l'extérieur qu'à l'intérieur de lui.

L'idée générale c'est que l'on est maître et responsable de sa vie. C'est également tout le pouvoir créateur qui se trouve enfoui à l'intérieur de soi.

La psycho-pièce de **la fleur de lotus**, c'est l'homme ou la femme qui réalise sa grandeur, ses talents, ses possibilités presque infinies. C'est à nous tous que s'adresse son message. On peut suivre les autres ou faire en sorte que les autres nous suivent. Cette psycho-pièce nous invite à prendre conscience immédiatement de nos potentiels innés.

Comme le suggère l'image de la psycho-pièce, vous êtes le point principal, le centre de votre univers et vous avez maintenant le pouvoir de contrôler, d'attirer et de repousser les 4 éléments qui sont vos aspects physique, émotionnel, intellectuel et spirituel. Vous avez de plus une vision transcendante des choses, une vision spirituelle et non pas mondaine, ce qui a pour effet de faire de vous le centre d'attraction pour les gens qui vous entourent.

La chance est non seulement de votre côté mais vous produisez votre chance par votre vision créatrice et magique du monde.

Si nous prenons en considération qu'il y a toujours deux faces à la médaille, une petite mise en garde est de rigueur: rappelons-nous la fable de *La Grenouille et le Bœuf* de La Fontaine. Il ne faut jamais se sousestimer ni se surestimer mais toujours viser le juste équilibre.

Le danger qui guette les vedettes et les champions, c'est de se croire au-dessus des autres, de se laisser aller. L'histoire est remplie d'exemples de personnages célèbres qui se sont cassé le cou ainsi.

Ne manquez pas l'occasion de prendre conscience de vos qualités et de les faire valoir.

Interrogation personnelle

Est-ce que je crois suffisamment en moi, à mon potentiel?

J'effectue aujourd'hui une action concrète pour me convaincre de mon potentiel (faites-en un devoir).

Dans les domaines physique, émotionnel, intellectuel et spirituel, quelles sont mes lacunes et mes forces?

Gardez en tête que la fleur de lotus pousse dans l'eau, mais n'y touche jamais. À son exemple, nous devons pratiquer un certain esprit de détachement afin de ne pas être affecté par tous les ennuis de la vie quotidienne. «Dans le monde, mais pas de ce monde».

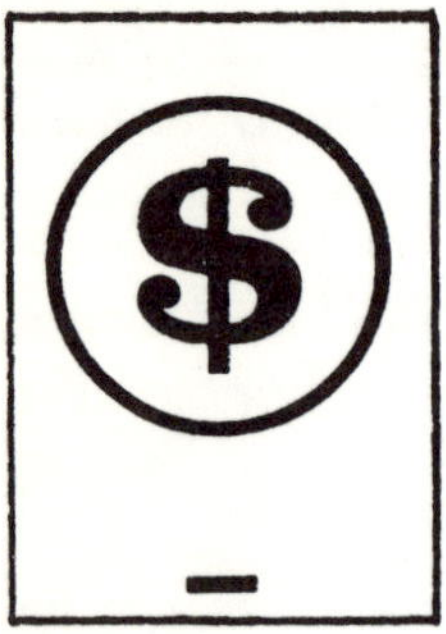

À la dernière heure,
que me serviront toutes ces choses?

LES POSSESSIONS

Richesse matérielle,
travail, partage

Caractéristiques ↑

Gains, plénitude matérielle, argent, succès dans les affaires, concrétisation et matérialisation de ses projets, couronnement, récolte abondante; le partage, les bonnes œuvres, les donations. Accomplissements, jouissance du bien matériel, gloire passagère, héritage possible; la charité, les cadeaux, la générosité, les rencontres; santé et communication favorables, attitude réfléchie, progression étape par étape, prudence.

Caractéristiques ↓

Attachement aux biens de la terre, avarice, égoïsme, faillite, échec matériel, perte d'argent, impatience. C'est la fugacité des richesses, leur côté illusoire. Le succès tarde à venir, il y a un manque de réalisme. On veut tout sans le moindre effort; faiblesse du côté santé, délais, oppositions, mauvaise décision, mauvais contrat erroné, inquiétude, vie intérieure appauvrie et négligée, dettes à payer, mauvais crédit, imprudence, mauvaise foi, instabilité matérielle.

Interprétations

«Celui que les plaisirs matériels n'attirent plus, qui n'est plus esclave de ses désirs, qui a rejeté tout esprit de possession et qui s'est libéré du faux ego, peut seul connaître la sérénité parfaite.» (*La Bhagavad Gîta*), telle qu'elle est, chapitre 2, verset 71.)

Les possessions de tout genre apportent des joies et des peines, c'est la nature du monde matériel, celui dans lequel nous vivons. Car tout ce qui a un début et une fin n'apporte que de la souffrance. Rares sont les personnes qui n'aiment pas les choses durables. On veut la sécurité sur terre, on veut vivre éternellement riche et en bonne santé, on désire des relations stables et durables. On travaille à la sueur de son front pour gagner son pain et sauvegarder quelques miettes pour la retraite. Aujourd'hui, à soixante, soixante-cinq ans, c'est la retraite bien méritée; on veut jouir de son argent, des biens accumulés, et puis, tout à coup, c'est la maladie qui frappe... «Pourtant, on m'avait promis du bon temps à ma retraite»...

Pour la plupart, parler de ces choses (maladie et mort) est tabou, «faut pas trop y penser, sinon on va être déprimés», disent-ils, mais n'est-ce pas la réalité? Le jour où on arrêtera de se cacher les choses, où on commencera à être honnête envers soi-même et les autres, le bonheur intérieur sera à notre portée.

Cette psycho-pièce apporte les richesses matérielles à tous les niveaux, mais prioritairement la richesse intérieure, l'autre venant d'elle-même. Si vous êtes en harmonie avec vous-même, vous saurez apprécier encore plus le côté matériel qui vous est prêté. Elle vous suggère d'être heureux avec vous-même, avec ce don que vous possédez à l'instant présent. Peut-être que la santé est la plus grande richesse que l'on puisse obtenir.

C'est en partie ce que vous offre cette psycho-pièce. Et concernant l'argent et tout le reste, si le succès et l'abondance matérielle survenaient un jour, tant mieux; pour l'instant, le bonheur, c'est maintenant qu'il commence.

Interrogation personnelle

C'est le temps aujourd'hui de signer des contrats, discuter et régler vos comptes.

En affaires, tout semble marcher parfaitement, les fruits sont mûrs et prêts pour la récolte.

Suis-je capable de garder l'équilibre entre mes aspects émotionnel, intellectuel et spirituel malgré mon succès matériel? L'excès signifie le déséquilibre qui, lui-même, engendre la maladie et la perte d'énergie vitale.

Le vrai succès matériel est atteint une fois que l'on commence à en partager les fruits.

S'il est vrai que l'on fait de l'argent avec de l'argent, c'est en donnant ce que l'on a que l'on reçoit en abondance.

La montagne est là
pour être gravie.

LA MONTAGNE

Force, persévérance,
courage, autodiscipline

Caractéristiques ↑

Endurance, persévérance, contrôle, discipline, courage. La maîtrise des instincts, la conservation de son énergie pour la transformer à des buts supérieurs, la patience, s'apprivoiser avec amour et douceur: c'est l'esprit qui cherche à dominer la matière et les sens; la pratique de l'assujettissement des passions, la vertu. Elle apporte la santé physique, mentale et spirituelle, et la force vitale et virile.

Caractéristiques ↓

Abus de pouvoir, faiblesse, découragement, perte de contrôle, impulsivité, impatience. Personne qui se laisse facilement détourner de sa course, qui contourne les obstacles et veut la gratification des sens immédiatement mais n'est pas prête à se sacrifier.

Interprétations

On ne tue pas un désir en éliminant l'objet de sa convoitise, il faut apprendre à vivre en sa présence. **La montagne** représente un défi à relever, un problème à surmonter et non un obstacle à contourner. Tant et aussi longtemps qu'on évitera le problème, on restera pris avec, car il faut y faire face.

Prenez par exemple les personnes qui ont des phobies (une peur irrationnelle qui se reproduit de façon persistante chaque fois qu'une situation ou qu'un objet précis se présente).

Dans le cas de la peur des araignées, par exemple, la technique consiste à faire approcher la personne de plus en plus près de l'araignée, tout en restant calme grâce à l'apprentissage d'une méthode de relaxation comme celle de Shultz ou Jacobson. L'idée générale, c'est qu'il faut apprendre à vivre avec l'objet qui crée le stress car, bien souvent, il nous est impossible de l'éviter complètement.

La montagne nous apprend qu'il faut beaucoup de courage, de persévérance et d'autodiscipline pour affronter un problème. Il n'y a pas de montagne assez haute pour nous empêcher d'atteindre notre but. L'être humain est doté d'une volonté incroyable. Les phénomènes parapsychologiques ont démontré à maintes reprises que l'homme n'utilisait qu'une toute petite partie de son potentiel.

Cependant, il faut pratiquer la patience, car c'est avec amour et douceur que l'on apprivoise une bête sauvage. Les habitudes sont les pires ennemies de l'homme car elles ne peuvent pas être changées du jour au lendemain; uniquement de façon graduelle et persistante.

Cette psycho-pièce vous exhorte à adopter une attitude positive et déterminée, même si vous deviez la tirer dans sa position inversée; cela ne change rien, car c'est vous qui décidez de la manière dont vous utiliserez votre force. Il n'est jamais trop tard pour vous perfectionner, car demain sera bon si aujourd'hui, le moment présent, est bien utilisé.

Interrogation personnelle

Comment puis-je utiliser ma force de façon plus productive?

Ai-je peur de relever les défis? Pourquoi ne pas m'affirmer davantage? Qui ne risque rien n'a rien.

Dans quel domaine de ma vie privée ou de mon travail puis-je me montrer plus tenace, plus persévérant?

Ai-je tendance à laisser le contrôle de ma vie aux personnes de mon entourage?

Aujourd'hui, j'exerce ma force de façon constructive dans chaque aspect de ma vie physique, émotionnelle, mentale et spirituelle.

La connaissance du bien et du mal nous donne la voie du milieu.

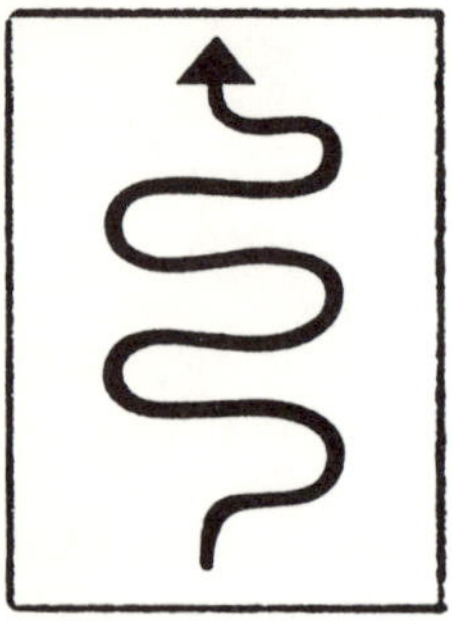

LE SERPENT

Gratification, tentation, luxure, détour

Caractéristiques ↑

Tempérance, contrôle, adaptation, équilibre, aspiration vers l'absolu; c'est la voie du milieu, le début de la réalisation de la vie supérieure.

Caractéristiques ↓

Excès dans tout, impulsivité, perte de contrôle de soi, domination de la matière sur l'esprit; l'instinct domine la connaissance; perte de temps, maladie, révolution, passion, déséquilibre, ignorance, agressivité; les illusions, l'attachement au choses matérielles, les apparences, les ennemis intérieurs, un esprit à dompter, la force, le pouvoir mal utilisé, la peur, la dualité en soi, l'inconscience volontaire ou involontaire, les obsessions, les préoccupations, la débauche.

Interprétations

Se jeter corps et âme dans la satisfaction des sens constitue un excès, et tout excès n'est pas bon en soi, car il en résulte une perte d'énergie qui peut nous mener au désespoir. Le mot «satisfaction» par lui-même est inoffensif, telle une arme mais qui, mise entre les mains d'un enfant, pourrait avoir de sérieuses conséquences.

Le serpent pointant vers le bas (↓)suggère que l'on est en train de sombrer dans les faux plaisirs des sens qui semblent en premier lieu des raccourcis engageants, mais qui, en réalité, sont une façon très facile de s'égarer et de perdre de vue ses responsabilités.

Il s'agit donc, ici, d'une sorte de déséquilibre psychique qui aboutit à des actions frivoles. L'attachement disproportionné au matériel nous fait perdre de vue notre mission, notre but. C'est aussi le syndrome du «bébé gâté»; de celui qui n'a jamais appris à mettre de freins à ses désirs et à se contrôler et qui risque la frustration.

D'un autre côté, si **le serpent** pointe vers le haut (↑), c'est que vous avez compris l'importance du contrôle des sens. Cela n'empêche en rien (comme l'indique l'oscillation du serpent) de goûter aux plaisirs de la vie, mais de façon plus équilibrée.

Il ne faut pas oublier que les concepts de bien et de mal, de bon ou de mauvais sont tous aussi nécessaires les uns que les autres; le malheur, c'est de rester «coincé» dans l'un d'eux. **Le serpent** qui pointe vers le haut suggère que le but et les aspirations sont élevés. Les petits détours représentent les contraintes ou les obstacles rencontrés sur le chemin, ainsi que les divertissements qui sont agréables et nécessaires.

Interrogation personnelle

Suis-je préoccupé ou obsédé par des tentations mondaines?

Y a-t-il une situation dans ma vie quotidienne qui me frustre au point de vouloir laisser mes responsabilités de côté? Il serait préférable d'analyser la situation problématique.

Si je passe les trois quarts de ma vie à travailler, est-il normal et sain de vouloir me divertir un peu? Quel moyen puis-je prendre pour adapter mon horaire à mes loisirs?

Une recette d'équilibre:

1/3 de loisirs
1/3 de travail
1/3 de sommeil

S'ouvrir à soi-même et aux autres,
c'est s'ouvrir à la vie.

LE PORTAIL

Un nouveau départ,
couronnement, affaires

Caractéristiques ↑

Succès, grandeur; l'infini, le couronnement, le monde, les voyages, les rencontres, l'abondance, la communauté, la libération, l'accomplissement; récompense, triomphe, mouvement, déplacement, réussite matérielle, réussite à un examen, obtention d'un diplôme, d'une promotion. C'est une synthèse, la porte qui s'ouvre. Toute compétition est abolie.

Caractéristiques ↓

Échec, retard, peur du changement, solitude, corvées, refus d'évoluer, stagnation, refus de s'adapter, découragement, travail inachevé, routine; personne trop ancrée dans ses habitudes, qui ne risque pas; craintive, timide.

Interprétations

Le tapis rouge se déroule devant nous, les portes s'ouvrent sur la vie. C'est le moment tant attendu: la récompense de notre travail. C'est ici que nous recevons notre diplôme, le passe-partout qui nous permettra d'aller où nous voulons, quand nous voulons.

C'est aussi l'acquisition de connaissances, d'aptitudes dans le commerce, les arts, etc.

C'est une psycho-pièce de construction et d'accroissement sur le plan matériel.

Vous pouvez enfin récolter ce que vous avez semé.

Il est aussi question de voyages de plaisir ou d'affaires, à vous de choisir car vous le méritez. Cette psycho-pièce laisse entrevoir que votre voyage pourra être une réussite. Peut-être bien que cette proposition de voyage sera une surprise.

Le portail, c'est l'étape qu'il faut franchir pour faire partie d'un club, pour entrer dans une maison. Il faut choisir: ou on entre, ou on sort, mais on ne peut rester entre les deux. Il faut se «brancher», ne pas rester assis sur la clôture.

C'est le début d'une nouvelle aventure, d'un nouveau travail; un nouveau départ est en vue. Ce début vous fera rencontrer beaucoup de personnes qui s'intéresseront à vous et à ce que vous avez à offrir.

Interrogation personnelle

Est-ce que je réussis ma vie actuellement? (Et non pas, ai-je réussi ma vie? car ceci laisserait entendre que votre vie est terminée!).

La contemplation de vos accomplissements est permise ici. Prenez-vous suffisamment le temps de vous féliciter pour vos réussites?

Sans vos efforts personnels, rien de tout cela ne se serait produit.

Fixez-vous aujourd'hui même de nouveaux objectifs, car il est dit que pour être heureux, il faut toujours avoir

1) quelque chose à faire,
2) quelqu'un à aimer,
3) quelque chose à espérer.

«Nul homme n'est une île...»
John Donne

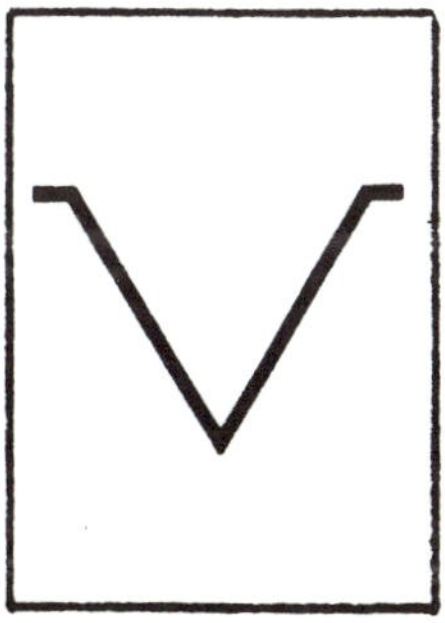

L'OUVERTURE

Réceptivité, intuition, messages, ouverture d'esprit

Caractéristiques ↑

Intuition, ouverture d'esprit, attitude non partisane, polyvalence, créativité, amour, souplesse, générosité, inspiration; c'est le côté humain, l'idée de la mère, la sagesse, le potentiel sous forme de germe, les messages, la transformation, les idées, les rêves, les signaux; clairvoyance, connaissance, révélations, mystères clarifiés, aide invisible, partage, communication, compréhension, bonnes relations interpersonnelles, excellente attitude.

Caractéristiques ↓

Fermeté, entêtement, rigidité, égoïsme, immaturité, superficialité, méfiance, timidité, introversion, gêne, insécurité; tout ce qui est à l'opposé des caractéristiques positives.

Interprétations

Comme nous le montre l'illustration de cette psychopièce, c'est l'être, les bras tendus vers le ciel, le monde, l'infini, l'univers matériel et spirituel.

Cette pièce est favorable aux contacts interpersonnels, aux arts où la créativité et l'inspiration sont nécessaires.

Profitez donc de votre ouverture d'esprit pour apprendre, pour régler et clarifier certains problèmes avec des amis ou des collègues de travail.

Du fait que vous n'êtes pas sur la défensive, il serait peut-être bien de corriger certaines pensées, certains comportements, qui, chez vous, vous déplaisent.

En offrant ces caractéristiques, cette psycho-pièce vous donne les moyens de trouver votre épanouissement ainsi que l'harmonie dans vos relations avec autrui. C'est le moment de communiquer et de dialoguer.

Se replier sur soi-même est parfois nécessaire, mais, à la longue, cela peut nuire à notre évolution en nous empêchant de profiter des expériences des autres.

Votre perception des choses peut être enrichie par celle des autres; n'hésitez pas à échanger vos idées. Essayez de comprendre les messages, les suggestions que l'on vous fait. Votre intuition qui est le miroir de votre cœur est également une partie de vous souvent négligée. Faites-lui confiance! car il y a dans la vie de nombreux phénomènes qui se produisent de façon tout à fait étrange et inexpliquable. Regardez les phénomènes psi; plusieurs expériences ont été tentées qui démontrent que l'intuition, la clairvoyance existent sans explications scientifiques.

Ce n'est pas parce que l'on ne voit pas une chose qu'elle n'existe pas!

Interrogation personnelle

Suis-je trop cérébral dans ma relation entre moi-même et autrui?

Quelle place assume mon côté intuitif (cette voie du cœur qui me permet de ressentir) dans ma vie?

Suis-je capable d'écouter et de respecter, sans juger et condamner les idées d'une autre personne?

Y a-t-il place pour de l'amélioration? Tirez une psycho-pièce afin de vous donner des idées et laissez les symboles vous parler.

Il est dit: que l'on a plus de plaisir à donner qu'à recevoir.

LES CŒURS

Union, amour, harmonie, contrat

Caractéristiques ↑

L'amour de soi, l'amour de son prochain, le couple, l'harmonie, sexualité équilibrée, la dualité apaisée; attraction, affection, beauté; le choix est fait, le cœur et l'âme sont en paix, l'alchimie harmonisée, le soleil et la lune sont réunis, on est mort à soi-même pour se donner à l'autre. Le «je» est respecté dans le couple, relation où chacun demeure libre et non soumis; la complémentarité, l'échange. Interaction entre deux forces opposées; générosité, sacrifice, extase, bonheur, contrat à signer, association dans les affaires d'ordre matériel et spirituel.

Caractéristiques ↓

La relation avec soi-même est perturbée, le couple vit des moments pénibles; besoin d'amour, mauvais choix, dispute, querelle, séparation, interférences, manque d'harmonie; l'obscurité règne. Dualité, instabilité, contradictions; la route se divise; vie basée sur l'amour trop charnel et temporaire. L'horizon est brouillé; dans le couple ou en affaires, on a perdu sa place, il faudra la reprendre.

Interprétations

On dit que «l'union fait la force», et que «deux têtes valent mieux qu'une».

Il est question ici d'amour, de partage, de travail de groupe.

Il se peut fort bien que si vous vous aimez vous-même, il vous soit plus facile de tomber amoureux. «Charité bien ordonnée commence par soi-même» et on ne peut donner ce que l'on n'a pas.

Il n'est cependant jamais trop tard pour apprendre, car, pour vivre à deux, il faut d'abord avoir appris à vivre avec soi-même. Alors, si c'est votre cas et que la psycho-pièce **les cœurs** est à l'endroit, c'est que vous attirerez avec votre charme et votre magnétisme les gens ou peut-être bien une personne de votre entourage. Vous savez que l'amour et la beauté intérieure sont contagieux, n'est-ce pas? Cela se voit et se sent quelqu'un qui est bien dans sa peau; on est naturellement attiré par les gens souriants comme si on avait besoin de leur gaieté, de leur énergie.

Profitez de votre charisme particulier, de votre beauté intérieure pour vous choisir un ou une partenaire. Que ce soit en amour ou en affaires, c'est le temps ou jamais de vous associer, de signer des contrats et de travailler avec les autres. Faites-vous confiance; vos choix seront bons et vos forces trouveront leurs complémentarités dans l'autre personne.

Il est important de se rappeler que nous sommes des êtres sensoriels. Dès la naissance, nous apprenons à nous connaître et à connaître notre environnement par la voie de nos sens (la vue, le toucher, le goût, l'odorat, l'ouïe) et c'est par eux d'abord que notre niveau de conscience s'élargit.

Une sexualité équilibrée et bien vécue ne peut que nous aider à être en harmonie avec nous-même. De nombreux problèmes physiques et psychologiques résultent d'une accumulation de frustrations et d'une sexualité mal vécue.

L'éveil de l'esprit se fait par l'éveil du corps. Les massages, les attouchements et les relations sexuelles avec un partenaire de votre choix vous aideront à apaiser votre mental en effervescence.

Il est bon de se rappeler que cette psycho-pièce représente deux cœurs unis, mais qui gardent toujours, malgré leur union, leur individualité propre.

Être marié ou associé ne doit pas signifier «le don aveugle de soi», encore moins l'esclavage où la liberté et l'individualité de chacun sont brimés! Les couples, les associés doivent à tout prix se respecter l'un l'autre dans leurs propres besoins.

Le meilleur moyen d'éviter la séparation, la frustration c'est de s'asseoir et de prendre régulièrement «le temps de se parler», de se communiquer nos joies et nos peines.

Une communication inadéquate peut mener éventuellement à la séparation.

Interrogation personnelle

Quelles démarches concrètes dois-je effectuer dans ma vie quotidienne pour trouver ou garder l'amour?

Est-ce que je prends pour acquis mon/ma conjoint/e?

Suis-je capable de discuter ouvertement de tout à la maison et au travail?

Quelles sont les caractéristiques personnelles qui assurent une bonne association avec les autres? La communication a-t-elle, chez moi, la place qu'elle mérite?

Mon union prend-elle la forme d'une dictature ou d'une soumission envers l'autre? Comment corriger cette situation?

Servez-vous des différentes méthodes de tirages présentées dans cet ouvrage pour apporter des suggestions ou des éclaircissements à vos problèmes.

Il y aurait plus d'harmonie
si chacun s'occupait de sa besogne.

LA JUSTICE

Jugement, clarification, réforme

Caractéristiques ↑

La vérité, le droit fondamental de chacun, la capacité de trancher les questions, de «donner à César ce qui est à César»; les problèmes légaux, l'autorité, le pouvoir, le leadership; la façon de se juger et de juger les autres, la capacité d'avoir un regard critique et évaluateur; le contrôle des masses, le maintien de l'ordre civil, les amendes, les contraventions; la criminalité, la justice rendue, la non culpabilité; favorable pour les relations financières; les lois et modes de pensées sont réformées; c'est un retour possible à l'école; un œil et un esprit vif viennent tirer au clair une situation. Il faut peser le pour et le contre. C'est le bon karma (chaque action bonne ou mauvaise a sa réaction). Ici, c'est l'équilibre du «bien» et du «mal» qui prime.

Caractéristiques ↓

Poursuites judiciaires, pertes, séparations, désordres, déséquilibre; les lois ou modes de pensées sont périmées, il faudra se soumettre; discipline, injustice; ce n'est pas le moment de signer des contrats, il faudra être sur ses gardes dans ses relations comme en affaires.

Interprétations

Qui n'a pas eu besoin à un moment ou à un autre de sa vie d'un recours à la justice? Le terme «justice» est pris ici dans son sens large. Généralement, la justice tranche les questions obscures afin de dévoiler la vérité cachée. Il se peut que vous ayez besoin de réviser et d'analyser votre façon de penser ainsi que votre mode de fonctionnement. Vous faites le ménage dans vos affaires. C'est le temps de revoir vos habitudes, de choisir vos ami(e)s et peut-être même d'avoir recours à la loi pour régler vos problèmes.

Cette psycho-pièce de **la justice** dans sa position normale joue en votre faveur. Cependant, si elle se trouve dans la position inversée, il se pourrait que l'on soit en train de vous juger et de vous critiquer. Si vous aviez l'intention de porter vos différends devant la justice, le moment n'est pas favorable; il vaudrait mieux attendre avant d'agir.

Une loi tout à fait naturelle dit que l'on ne doit pas juger si on ne veux pas être jugé. Mais il y a pire que le jugement, c'est la condamnation irrévocable. La plupart d'entre nous sommes rapides à juger et à condamner.

Une ancienne loi d'origine hindoue, la loi du karma, affirme que la loi de cause à effet, action/réaction, agit dans tout ce qui existe, aussi bien dans le domaine psychologique que physique car on récolte ce que l'on sème.

Si nous prenons l'exemple de l'homme timide qui a peur de s'affirmer, la réaction des gens de son entourage sera de profiter de ses faiblesses. D'autre part, si je juge et critique quelqu'un, il y a de fortes chances pour que l'autre personne me critique éventuellement à son tour. Critiquer ou juger pour juger est une perte de temps qui peut facilement nous faire gaspiller notre énergie et adopter une attitude négative vis-à-vis de notre entourage.

Il ne faut cependant pas confondre avec les discussions et les remarques constructives; cette capacité de jugement que nous possédons doit être utilisée dans le but d'améliorer et de remédier à une situation donnée.

Toute idée d'amélioration contient en elle le germe de la réforme. De temps à autre, il est bon, voire même nécessaire, de réviser nos habitudes, nos relations, notre façon de penser, bref, notre mode de vie. Se tenir à la page, c'est l'hygiène de l'esprit!

Interrogation personnelle

Y a-t-il des points obscurs dans ma vie qui auraient besoin d'être clarifiés? Si la réponse est oui, n'attendez plus, c'est maintenant le moment d'agir.

Faites également le bilan de votre vie actuelle et apportez-y les changements nécessaires, que ce soit pour vous-même, dans votre vie de couple ou dans les affaires; assoyez-vous, discutez et concluez une entente.

Avez-vous tendance à laisser les choses passer? Eh bien, c'est le temps de vous affirmer; ne restez pas avec vos doutes et clarifiez les situations.

Il y a des lacs à traverser,
des montagnes à gravir,
et des terres à découvrir.

LE MONDE

Voyages, mouvement, découvertes

Caractéristiques ↑

Les départs, les rencontres, les fêtes, la vie en société, les vacances, les découvertes, le début d'un nouveau cycle, les pays, les visites d'ami(e)s, de parenté; vous découvrez ce que la vie a à vous offrir et ce que vous pouvez donner en retour. Ici, tout est permis: la réalisation, la réussite, les succès, les biens matériels, les accomplissements, les récompenses, l'évolution, la conscience universelle; tout ce qui est extérieur; l'altruisme.

Caractéristiques ↓

Stagnation, peur du changement, entêtement, obstacles; rien ne se passe, les responsabilités retiennent votre liberté, vous empêchez votre évolution, vous refusez d'avancer, de suivre le cours normal de la vie; égoïsme, isolement, introversion, intériorisation. Il faudra apprendre les leçons de la vie.

Interprétations

Une très belle psycho-pièce qui contribue à élargir nos horizons. Elle encourage les découvertes, l'épanouissement personnel en suggérant la prise en charge de notre vie. Il y a possibilité de voyages, de faire le tour du monde, de rencontrer des gens de toutes cultures; favorise les échanges, les discussions et l'extériorisation de soi si on s'affirme tel que l'on est. Vous avez «le vent dans les voiles», la chance est de votre côté, n'ayez pas peur et osez être vous-même car l'arbre portera ses fruits en temps et lieu.

Très bonne période pour prendre du repos, des vacances bien méritées et faire une synthèse de votre vie. Essayez de voir comment votre vie se dessine et si vous êtes satisfait. C'est le moment propice pour effectuer des changements dans votre vie, pour vous réorienter. Votre nouvelle vision du monde vous motive à aller de l'avant.

Le monde vous apporte plein de surprises et de nouveautés, c'est le côté intéressant de la vie, c'est fascinant!

Si vous obtenez «**le monde** à l'envers ↓», c'est la vie! Ne vous apitoyez pas sur votre sort car cela n'apportera rien de productif. **Le monde** est fait pour les audacieux et ceux qui sont toujours prêts à redécouvrir les plaisirs simples de la vie. Surtout ne vous repliez pas sur vous-même, mais ouvrez-vous tout grand au monde. C'est en donnant que l'on reçoit.

Interrogation personnelle

Ai-je tendance à attendre que la vie me sourie pour agir?

En ce moment même, que puis-je poser comme geste concret pour me motiver à aimer et découvrir davantage le monde, ma vie, mes parents, mes amis, mon travail, mes loisirs, etc?

Je planifie un voyage, une rencontre, une sortie.

L'important, c'est de ne pas se replier sur soi-même.

Vous seul détenez la clef
de vos pouvoirs intérieurs.

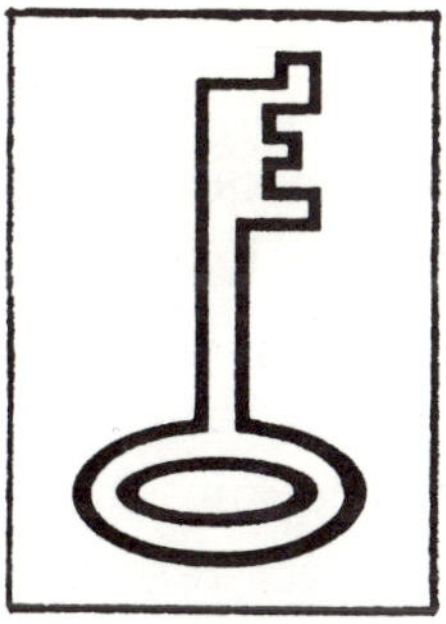

LA CLEF

L'initiation, le secret révélé,
la connaissance, l'intuition

Caractéristiques ↑

Recevoir les secrets, le mot de passe, la solution à nos problèmes; tout nouveau travail demande un certain apprentissage; c'est le métier qui rentre, l'étude, la découverte, la nouveauté; c'est le facteur temps; découvrir n'est que le début du travail; représente le guru, le prêtre, le transmetteur de connaissances, l'enseignement, la possibilité de suivre des cours, le professeur, la compassion, la moralité, la beauté, l'influence doucement pénétrante de la grâce, la clef du royaume, le code, la conformité, la réceptivité, l'ouverture d'esprit, la révélation, la bonne intuition.

Caractéristiques ↓

On est loin d'être arrivé à destination; certaines pièces du casse-tête manquent, l'inconnu ne se révèle pas, les recherches continuent, le temps n'est pas propice; cherchez et vous trouverez, ouvrez votre cœur et vous recevrez; manque de réceptivité, impasse; vous faites fausse route, la méditation et le yoga favorisent la croissance intérieure. Il y a des obstacles sur votre chemin. Vous recevez de mauvais conseils; il y a un manque de communication et tout semble tourner court.

Interprétations

Afin de vraiment comprendre ce qui se passe à l'intérieur d'une «pièce», la meilleure façon est d'y pénétrer, mais les trésors y sont gardés derrière une porte verrouillée afin que ceux qui ne sont pas autorisés ne puissent y entrer pour les piller. Donc, une clef est nécessaire, mais pas n'importe laquelle! Il est dit que quand l'élève est prêt, le maître apparaît; de la même façon: quand le chercheur de vérité sera prêt à recevoir, comprendre et apprécier la valeur du contenu de cette pièce fermée, **la clef** se révèlera d'elle-même sous la forme d'une intuition, par l'entremise d'un professeur, d'un maître spirituel, d'une ouverture inattendue ou du «destin».

«On n'a rien sans peine» signifie qu'il faut se montrer digne de mériter l'évolution, le progrès ou l'avancement. Toute connaissance formant la sagesse est obtenue après maintes et maintes recherches et études personnelles. Finalement, ce n'est pas d'un miracle dont il est question, mais d'un travail régulier sur soi. «On récolte ce que l'on sème» est une devise universellement reconnue. On atteint tel ou tel niveau de conscience, de connaissance, un certain degré de richesse ou de santé selon les actions de son passé.

Pour recevoir **la clef** (l'initiation), il faut avoir respecté les lois de la nature sans avoir essayé de les adapter à ses besoins mais en s'y étant soumis. Ces lois ne sont point moralisantes mais représentent le gros bon sens: évitez les excès, gardez le ballant ou la voie du juste milieu dans tout, mangez régulièrement trois repas par jour, travaillez à développer harmonieusement vos aspects émotionnel, psychologique et spirituel, etc.

Dans le but d'essayer d'élever le niveau de conscience de l'homme, les religions ont bien essayé d'apporter un système de lois pour guider les masses, mais elles ont échoué en s'imposant à la liberté de chacun. L'homme doit être pleinement libre de choisir sa direction de vie, mais s'il se soumet à des lois de façon involontaire, il devient un robot qui a cessé de réfléchir.

Ces lois, tout à fait naturelles, ont leur application dans toutes les sphères de la vie, au travail, à la maison, dans nos loisirs, etc. L'important c'est de se «soumettre» volontairement et consciemment, et non pas involontairement, à des lois établies. Il faut faire ses preuves pour mériter une médaille, faire partie d'un club ou être promu à un poste supérieur.

Interrogation personnelle

Aujourd'hui, ai-je débuté un nouveau travail, une nouvelle aventure, ou l'apprentissage d'une nouvelle technique? Il me faudra être patient, en sachant que le succès est réservé aux gens persistants.

Est-ce que j'écoute suffisamment la voix intérieure qui veut me guider dans mon évolution?

Suis-je prêt à fournir l'effort requis afin de recevoir «la» clef?

Si un obstacle se présente dans ma recherche personnelle, ai-je tendance à abandonner trop facilement?

Ai-je peur de croire en mes valeurs personnelles? Ai-je peur de les vivre, même au risque que l'on se moque de moi?

Aujourd'hui, quel secret ou quel mystère ai-je besoin de comprendre ou d'éclaircir?

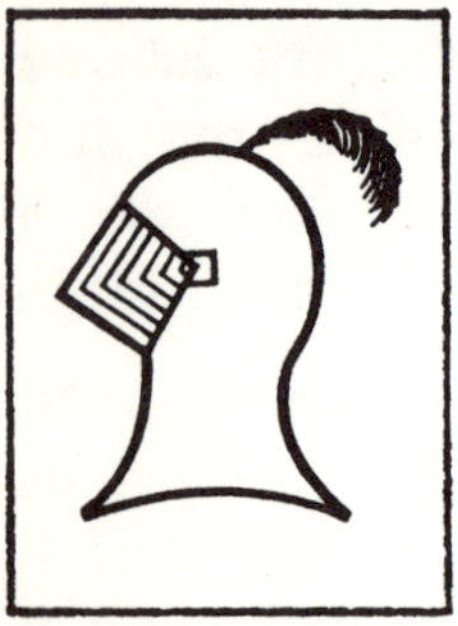

Il vaut mieux prévenir que guérir.

L'ARMURE

Prévoyance, défense, protection

Caractéristiques ↑

Vous êtes rempli d'assurance et de confiance. Vous pouvez foncer tout en étant alerte. Vous avez de la chance, vous êtes protégé mentalement et physiquement. Vous faites preuve de réflexion, de prévoyance et vous prenez vos précautions. Calculez vos risques, ne vous laissez pas trop approcher, pensez plus à vous et protégez vos intérêts.

Caractéristiques ↓

Soyez sur vos gardes, prenez vos distances, soyez alerte et vigilant dans vos démarches, redoublez de prudence; attention à votre santé, vous n'êtes pas à l'abri du danger. Soyez présent. Écoutez votre instinct de conservation. Mieux vaut prévenir que guérir; vous avez tendance à être agité et impulsif, impatient et négligent. Le terrain est hasardeux à cause de ces obstacles.

Interprétations

Cette psycho-pièce vous apporte la chance au niveau de vos entreprises individuelles. C'est le moment propice pour signer des contrats, pour discuter et régler les problèmes. Tout votre être est protégé du danger, surtout au niveau psychologique. Telle qu'elle est représentée ci-dessus, votre tête a revêtu un casque d'armure. Vous vous défendez bien actuellement car vous êtes prévoyant; vous avez bien planifié et organisé vos affaires.

Cependant, ce n'est pas parce que vous avez tiré la pièce de la protection que vous êtes obligatoirement à l'abri de tout danger. La chance, c'est quand même nous qui la faisons jusqu'à un certain point.

Interrogation personnelle

Suis-je suffisamment prudent dans mes déplacements et dans ma façon de discuter avec les gens en général?

Suis-je le genre de personne qui parle trop et qui révèle tout sur elle-même? Protégez-vous!

L'éclair apporte des étincelles de vérité; à nous de les saisir.

L'ÉCLAIR

Vitesse, action, révélation

Caractéristiques ↑

C'est la rapidité, les éclairs; vous approchez de votre but; déblocage énergétique, espoir, mouvement; rien ne bloque votre chemin, vous foncez, vous êtes rempli de courage, de détermination, vous prenez tout de façon positive et avec optimisme; persévérance, action, transition. C'est l'étincelle de la vie, puissante et fertile. La lumière, la vérité, la révélation, le progrès.

Caractéristiques ↓

Le tonnerre, les parcours cahoteux; vous êtes au ralenti: découragement, pensée destructrice et pessimiste, impatience, inaction, inertie; les querelles, les conflits, le mauvais temps, le feu; fatigue, abattement, pluie, stagnation.

Interprétations

Vous débordez d'énergie, vous foncez et vous avancez rapidement vers votre objectif; il n'y a plus rien ici pour vous arrêter. Ce qui fait votre force, c'est que vous êtes convaincu et convaincant. Votre volonté ne se laisse pas détourner facilement de sa course. Faites valoir vos droits, vos croyances et vos plans d'action.

Vous faites des découvertes, une source supérieure vous apporte des révélations.

Soyez sans crainte, votre détermination et votre optimisme élimineront automatiquement les gens dont l'attitude est négative par le «vortex» que vous produisez. Soyez vous-même et vous attirerez le respect.

Il est question de déplacement, de mouvement, d'action.

C'est une ouverture transitoire, il faudra vous y donner à fond, et vous pourrez vous reposer par la suite.

Vos yeux et vos pensées sont dirigés de façon tout à fait spéciale par une sorte d'intuition transmise par les «forces» qui vous veulent du bien! **L'éclair**, représenté ici, provient du ciel et est dirigé vers la terre, vers les hommes et les femmes qui sont prêts à évoluer. C'est la prière finalement exaucée.

Interrogation personnelle

Suis-je opportuniste?

C'est le moment de régler ce qui traîne depuis longtemps.

Servez-vous de votre intuition personnelle pour agir aujourd'hui.

Qu'est-ce qui m'empêche d'atteindre mon but?

Soyez réaliste: organisez vos buts par ordre de priorité, visez selon vos capacités, sinon, vous allez vous décourager. Une fois le premier but atteint, vous pourrez essayer d'atteindre d'autres objectifs encore plus hauts.

«Si le grain ne meurt...»
Jésus-Christ

LA SEMENCE

Fertilité, croissance, attente

Caractéristiques ↑

Un projet, une idée, un germe, une grossesse, une croissance, une association, un début, le développement, l'intuition, les nouveautés de tous genres, la fraîcheur, l'innocence, l'intelligence. Bonne terre, bonne semence, bonne récolte, bonnes racines; prendre soin, surveiller; période d'attente, vos désirs sont sur le point de se réaliser, le temps est le grand facteur, ne poussez pas la nature; créativité. L'amour fait tout grandir; harmonisation, énergie potentielle, période de gestation.

Caractéristiques ↓

Arrêt de la croissance, inaction, destruction, impatience, pauvreté, immaturité, manque de jugement; tout est à recommencer; stérilité, énergie mal utilisée, mal transformée, refus d'évoluer et de grandir; mauvaise planification: nos projets sont retardés; on ne s'est pas assez occupé de ses affaires.

Interprétations

Cette pièce nous met en garde contre l'exécution de nos projets de façon trop rapide et mal calculée. Si la première phase d'implantation est couronnée de succès, les autres ne poseront également aucun problème. C'est l'idée de la planification qui prédomine. Planification d'une naissance, d'un projet, d'un itinéraire.

Sachez qu'il vous faudra exercer votre patience, bien que vous ayez hâte de voir votre projet se concrétiser; la bureaucratie, la politique, les paperasses et Dame Nature doivent exécuter la partie de leur travail à leur rythme (qui n'est pas forcément en accord avec le vôtre...); mais si vous êtes certain que vous avez bien semé, vous pouvez dormir en paix, vous récolterez!

Cette pièce est semblable à un grain que vous avez semé; il se peut fort bien que vous deviez surveiller son développement. D'ailleurs, toute entreprise qui commence demande une supervision régulière afin d'en assurer le bon fonctionnement.

Cette période d'attente est un moment idéal pour contempler le chemin parcouru et à parcourir. Cette régulière remise en question devrait être effectuée par tous ceux et celles qui désirent évoluer et grandir de façon harmonieuse. Notre croissance, tout comme celle d'une plante qui, pour croître et porter ses fleurs, a besoin d'eau et de soleil, demande de l'attention. Il faut s'observer pour comprendre sa façon de penser et d'agir dans le but de se parfaire.

Interrogation personnelle

Avez-vous mis de côté un projet important qui devrait être terminé? Qu'attendez-vous?

Ce ne sont pas les idées qui vous manquent en ce moment. Profitez-en, mettez-les à profit afin qu'elles deviennent d'éventuelles réalités.

Quelle idée puis-je concrétiser aujourd'hui?

Le rêve est le point de départ, l'action est l'étape suivante.

Planifiez dès maintenant votre prochain projet, car on sème aujourd'hui et demain on récolte!

Chaque être est une étoile, avec sa propre trajectoire à suivre.

L'ÉTOILE

Voie trouvée, individualité, espoir, naturel

Caractéristiques ↑

La bonne étoile, la réalisation du soi (de l'âme); psycho-pièce d'espérance; finalement, vous avez trouvé votre voie: l'individualité harmonisée, le bon karma: vous récoltez ce que vous avez semé. Le travail sur vous-même a porté ses fruits, des personnes autour de vous sont prêtes à vous aider, les forces sont favorables. C'est l'amour du spirituel, le but de la vie réalisé, rien ne semble un mystère. La vérité intérieure, l'illumination; le naturel ainsi que le vrai «je» ressort; c'est l'être démasqué, content d'être ce qu'il/elle est. Une des meilleures psycho-pièces du jeu: l'idéalisme, les arts, la poésie, la musique; soyez attentif aux messages, à la clairvoyance, à la liberté.

Caractéristiques ↓

On a perdu sa voie en s'écartant de sa trajectoire. Entêtement, pessimisme, doutes; il faudra se retrouver parmi le calme et la solitude de la forêt.

Interprétations

La bonne étoile indique que vous êtes finalement récompensé pour votre travail personnel. Vous avez trouvé votre vraie identité malgré tous vos conditionnements antérieurs; vous avez réussi à développer votre personnalité bien à vous. C'est le bon vieux dicton qui dit que «l'on n'a rien sans peine».

Se trouver, c'est, en réalité, avoir une vision spirituelle opposée à la vision matérialiste qu'ont la plupart des gens. Le fait de ne pas avoir suivi la foule comme un mouton ou la direction du courant, vous a permis de vivre plus intensément vos vérités intérieures. Vous êtes maintenant plus à l'aise avec vous-même et vous essayez dans la mesure du possible de respecter le rythme de la nature.

Cette psycho-pièce de **l'étoile** nous rappelle que nous devons suivre notre chemin individuel afin de découvrir le monde et d'y vivre à notre façon. Il faut devenir individualiste, et non se confondre dans la foule et tomber dans l'automatisme. **L'étoile** nous rappelle qu'il faut éliminer les obstacles de notre parcours en nous extériorisant et en rayonnant autour de nous. **L'étoile** est semblable à un guide et nous est révélée par l'intuition, un rêve ou en nous écoutant vivre. Si vous prenez l'habitude d'écouter votre cœur et d'observer vos émotions et vos réactions plutôt que de vous en remettre toujours à votre côté cérébral, vous risquez alors d'être plus honnête envers vous-même. Ne vous ignorez pas, mais écoutez-vous un peu plus, car vous êtes bien la seule personne qui puissiez le faire. De plus, vous vous sentirez libre comme le vent.

Interrogation personnelle

Ai-je vécu pour faire plaisir aux autres?

Mon travail, mes loisirs et ma vie privée me procurent-ils une certaine satisfaction?

Ai-je envie de vivre quelque chose de différent de la masse et qui n'est pas nécessairement en accord avec ce que vit ma famille, mes ami(e)s? Si oui, qu'est-ce qui me retient? Comment atteindre mon but?

Suis-je vraiment honnête envers moi-même ou est-ce que je fuis la réalité?

Ma vie pourrait-elle être différente? Comment?

À vous de rajouter d'autres réflexions.

Réfléchir c'est bien, mais passer à l'action, c'est encore mieux!

Les pires guerres sont celles que nous nous faisons à nous-même

L'ARC

Le guerrier, la planification, les conflits, la persévérance

Caractéristiques ↑

Combat, force, vigilance, intelligence, persévérance, assurance, confiance, travail, perspicacité, victoire, conquête, poursuite, défense, triomphe, valeurs, idéalisme, but, grandeur, couronnement, succès, invincibilité, volonté, talent. Progrès, avancement, évolution, autodiscipline, vigilance, pression, maîtrise, équilibre, protection, affirmation, détermination, énergie, chance.

Caractéristiques ↓

Défaite, découragement, illusion, manque d'énergie, obstacles, vengeance, agressivité, contradiction, manque de ténacité, maladie, imprudence, pessimisme, manque d'organisation, risques non calculés, conflit, défaite, oppression, mauvaise planification, impulsivité, jugement inadéquat.

Interprétations

Certaines personnes disent que la vie est un champ de bataille. Il faut être alerte et savoir s'adapter aux changements imprévisibles. C'est la loi du plus fort qui prime dans tous les domaines.

Sans revêtir l'armure de guerre, il faut tout de même se protéger et se battre pour faire valoir son point de vue.

Chacun de nous devrait posséder les caractéristiques du guerrier, car, sans bouclier, on risque de se faire blesser.

S'il est vrai que la vie est une école aux multiples épreuves, il est important de les vaincre afin de laisser libre cours à notre évolution.

Selon la psycho-pièce de **l'arc**, vous avez choisi la voie de votre cœur, c'est-à-dire que vous avez des désirs à combler qui sont très importants pour vous. Vous savez que vous avez raison et vous allez défendre vos droits avec assurance.

Cependant, si vous voulez défendre et faire valoir vos droits ainsi qu'atteindre vos idéaux, il faudra vous battre, vous attendre à rencontrer des oppositions et des conflits. Que ces obstacles soient de nature intérieure ou extérieure à vous, là n'est pas la question; l'important est de trouver votre réponse en utilisant vos qualités et vos caractéristiques de guerrier.

Ces conflits vous feront peut-être reconsidérer votre engagement. Surtout, ne faites pas marche arrière, tant et aussi longtemps que vous n'aurez pas atteint votre but. On n'a rien sans peine, donnez le meilleur de vous-même!

Un bon guerrier analyse et planifie son attaque. Comme la psycho-pièce de **l'arc**, il faut viser très haut, toujours plus haut, c'est là le secret de la réussite.

Il faut vous tenir prêt à rencontrer votre adversaire, car si vous partez en guerre, que ce soit en affaires, ou contre vous-même, vous devrez avoir des arguments forts pour lutter contre la compétition.

Il se peut que vous ayez à faire des compromis dans le domaine que vous avez choisi. Respectez vos idéaux et ceux de votre «adversaire» en essayant de trouver un terrain d'entente, une solution qui satisfasse les deux. (Bien entendu, cela dépend de la nature de votre engagement.)

Il faut viser haut, mais jamais plus haut que ce que vous pouvez atteindre. Apprenez à connaître vos limites et fixez-vous des objectifs atteignables.

Interrogation personnelle

Suis-je persévérant(e) dans mes entreprises?

Quelles caractéristiques me manque-t-il pour renforcer mon armure?

Peut-être suis-je trop rigide dans mes associations? Laissez place aux compromis.

Mes cibles sont-elles trop élevées pour être atteintes?

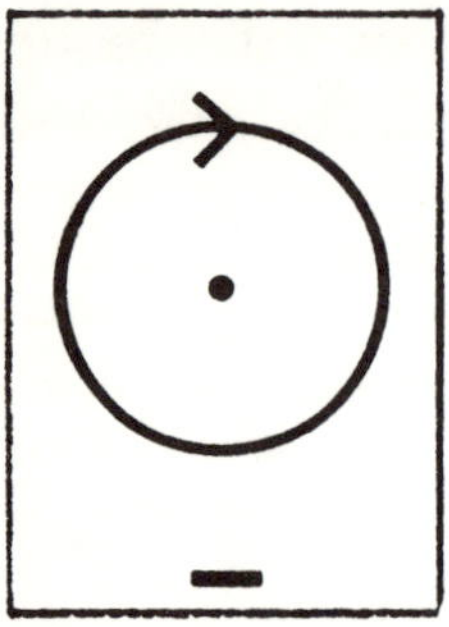

À chacun son tour.

LA ROUE DE FORTUNE

Chance, vitesse, récolte

Caractéristiques ↑

Bonne fortune, chance, succès, croissance, opportunité inattendue, risque favorable; c'est un renouveau, une nouvelle conscience; on se sort du pétrin, le goût à la vie reprend. Aventurier, intrépide, *entrepreneurship*; les affaires s'améliorent, les relations amoureuses, amicales sont harmonieuses, vous prenez le dessus car votre jugement est bon. Vous récoltez ce que vous avez semé, c'est la voie du changement rapide, de la vitesse du développement; le hasard est en votre faveur. Un jour, ce sera votre tour; c'est le début de votre évolution (vous commencez à comprendre).

Caractéristiques ↓

La chance n'est pas de votre côté pour l'instant, ne vous embarquez pas trop vite dans les affaires et, surtout, ne signez pas de contrat. C'est un nouveau départ qui ne vous conviendra pas; inquiétude, instabilité (avec ses hauts et ses bas).

Interprétations

Le dicton «un jour ce sera ton tour» s'applique à chacun de nous. Il y a des moments où on est malchanceux et d'autres où la chance nous sourit. La flèche est sur le dessus de la roue pour signifier que notre chance augmente et que nous avons le dessus. Elle pointe vers la droite (le futur) et dans le sens des aiguilles d'une montre afin de vous rappeler que le temps passe et que la chance passe également (lorsque la flèche sera à 18 heures) pour ensuite revenir. C'est le cycle tout à fait normal de la nature revêtue de son aspect temporaire.

Cette psycho-pièce vous signale que vous avez actuellement de la chance dans tous les domaines, que ce soit en amour ou en affaires ou dans toute autre entreprise. Alors, n'hésitez pas, adoptez une attitude positive dans vos activités.

Tout va bien pour vous, car la chance se montre de façon rapide et inattendue.

Ça ne peut pas toujours aller mal!

Il faut cependant s'attendre à tout, car, dans la vie, il y a des ouvertures qui ne se produisent qu'une fois; alors, saisissez-les; en d'autres termes, n'attendez pas avant de passer à l'action. On dit aussi, qui ne risque rien n'a rien (ou presque); rappelez-vous que même si vous aviez à perdre, vous ne pourriez pas vous reprocher de ne pas avoir essayé...

Malheureusement, beaucoup de gens passent leur temps à envier ceux et celles qui réussissent dans la vie et à déclarer qu'«ils ont eu de la chance»! D'accord, ils ont peut-être eu de la chance, mais ils en ont profité, et ils ont risqué, eux!

Interrogation personnelle

Est-ce dans ma nature de risquer? Sinon, pourquoi? Ou peut-être suis-je heureux(se) comme ça?

Quelle est votre idée d'une personne chanceuse?

Quel comportement ont les gens qui ont de la chance?

En adoptant une attitude positive, en agissant comme une personne qui a de la chance et surtout en me disant que j'ai de la chance, peut-être en aurai-je? Ou suis-je une personne chanceuse qui s'ignore?...

«Donnez et l'on vous donnera en retour.»
Jésus-Christ

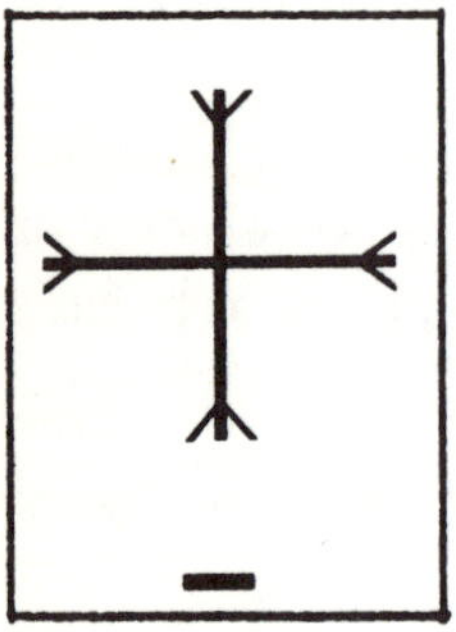

LA CROIX

**Sacrifice,
souffrance volontaire,
vision transcendantale,
autodiscipline**

Caractéristiques ↑

Souffrance volontaire, renonciation, élévation de la conscience, don de soi, privation, amour, perte de liberté, choix, aspiration, discipline, élévation, dévouement, méditation, mysticisme, transcendance, sublimation, rejet de l'inutile; comprendre, s'oublier, partager, acquérir; c'est le prochain, la terre, les quatre points cardinaux, un symbole d'orientation, les quatre éléments; l'échelle; synthèse, valeur ascensionnelle, vision spirituelle.

Caractéristiques ↓

Souffrance involontaire, maladie, perte d'argent, chicane, impulsivité, stagnation, paresse, envie, vision matérialiste, manque de discipline, désorientation, égoïsme.

Interprétations

La croix est reconnue depuis des millénaires en Égypte, en Chine et aux confins du monde comme un symbole total, global ayant une valeur symbolique inépuisable.

Utilisée par les chrétiens comme symbole du sacrifice, **la croix** représente ici le sacrifice volontaire qu'une personne effectue pour atteindre son but. Cette psycho-pièce du sacrifice nous rappelle que la réussite et la gloire appartiennent à ceux qui les gagnent.

C'est la voie de l'esprit en recherche, c'est l'étude de soi et de l'univers. La Conscience cosmique en développement. La croissance s'effectue non pas sur un plan horizontal (matériel) mais sur le plan vertical de la vie; on lève les yeux au ciel en empruntant l'échelle du sacrifice.

Dans les affaires, il est dit que les dix premières années sont les plus difficiles; c'est le métier et la persévérance qui s'acquièrent. On renonce aux plaisirs de ce monde dans l'espoir d'en récolter les fruits en s'astreignant à l'autodiscipline.

Cette croix porte à ses quatre extrémités trois pointes représentant les forces positive, neutre et négative présentes dans tous les éléments et tout ce qui existe. Les forces physique, émotionnelle, intellectuelle et spirituelle doivent trouver leur propre équilibre.

Soyez conscient que l'aspect «spirituel» dont il est question ici, revêt une signification pluraliste, soit au niveau de l'esprit, de la volonté et de l'intelligence pure, de la conscience élevée, des valeurs transcendantales, de la vie intérieure.

Interrogation personnelle

Suis-je prêt à faire des sacrifices pour atteindre mon but?

Ma conception de la vie manque-t-elle d'équilibre? Est-elle trop matérialiste ou dépourvue sur le plan intellectuel et spirituel?

Quel sacrifice s'impose aujourd'hui?

Est-ce que je pourrais profiter davantage de ce que la vie a à m'offrir?

«Recherchez toujours
la lumière
qui fait croître

LE SOLEIL

Joie, beauté, énergie

Caractéristiques ↑

Le rayonnement, la beauté intérieure, la vérité, l'innocence retrouvée, les plaisirs, la beauté, la clarté, la chaleur, l'amitié; c'est une des meilleures psycho-pièces; richesse, loisirs, gains, nouvelle conscience, réalisation des désirs; c'est toute la vie qui s'ouvre devant vous, un besoin d'être soi-même; l'énergie déborde; créativité, liberté, bon mariage et bonnes relations interpersonnelles; le plaisir par la vie simple.

Caractéristiques ↓

Les choses ou situations ne sont pas claires. Il y a un nuage devant votre soleil; c'est l'obscurcissement temporaire, les plans sont dans la brume, il y a danger de perdre ce que l'on pensait avoir acquis, la conscience souffre, la vérité devient incertaine, il y a une tentation de ne pas faire face à la réalité; perte d'énergie, illusion.

Interprétations

Vous vous sentez débordant d'énergie car vos projets se réalisent, la joie s'empare de vous et vous voyez la beauté et la simplicité en toutes choses. Profitez donc du soleil lorsqu'il est présent, n'attendez donc pas demain pour être heureux. Le bonheur commence dès maintenant! Ne vous posez pas trop de questions: agissez plutôt selon ce que vous ressentez dans votre cœur. Prenez l'exemple des enfants: ils sont la simplicité même car ils prennent plaisir à répéter les mêmes activités. Ils sont pleins d'énergie et leur force se trouve dans leur instinct de vivre intensément le moment présent. Lorsque vous allez à la baignade avec les enfants, remarquez que ce sont les adultes qui trouvent l'eau froide!... Tout est toujours à recommencer.

Prenez donc plaisir aux choses simples de la vie, car le bonheur se trouve précisément dans les activités aussi simples que d'admirer une fleur ou de goûter du chocolat. N'oubliez pas que le temps avance et que vous perdez de précieux moments à vivre dans le passé ou le futur. Il faut être présent ici et maintenant.

Et s'il y avait un nuage sur votre soleil... n'est-ce pas là chose normale? L'expression dit «après la pluie vient le beau temps».

Suivre de façon naturelle les changements qui s'imposent, voilà une attitude positive; la vie n'est pas tout pluie ou tout soleil, mais c'est l'harmonisation de ces deux forces qui la rend intéressante. Les moments sombres sont souvent les seules périodes que l'on prend pour méditer, contempler, peindre, écouter un disque ou lire un bon livre.

Interrogation personnelle

Est-ce que je profite pleinement des bons moments de la vie ou est-ce que je préfère méditer sur ce qui va mal?

L'expression dit qu'il y a un temps pour chaque chose et chaque chose en son temps; est-ce que j'accepte la venue des nuages passagers?

Que puis-je faire aujourd'hui même pour me rendre la vie plus agréable? Comment puis-je bénéficier de ce nuage sombre? Qu'est-ce qui se cache derrière?

Pensez de façon constructive et soyez clair, précis et honnête face à vous-même quant à vos demandes.

*«L'Éternel créa la forêt
et l'homme créa la ville.»*

LA FORÊT

Solitude, méditation, repos, nature

Caractéristiques ↑

L'isolement, la contemplation, la méditation; se retirer du monde, se retrouver, être solitaire; solitude, quiétude, paix; la nature, les éléments de la nature: feu terre-eau-air, le concept de la divinité présente en soi, la spiritualité, la recherche de la vérité (sa vérité), le silence et la sagesse provenant d'en haut, la rencontre avec un être qui nous guidera vers un épanouissement d'ordre matériel, psychologique ou spirituel. Le refus du monde matériel et de ses influences, l'austérité, le renoncement, le détachement. C'est le yogi, le guru ou le prêtre; l'introspection, la connaissance des lois universelles comme le karma, l'abstinence, l'homme face à lui-même.

Caractéristiques ↓

L'anonymat, la gratification des sens, le monde matériel, l'immaturité; le refus d'évoluer, ne prend pas ses responsabilités, ne connais pas les sacrifices, ne parle et ne discute que de choses mondaines. Impulsivité et impatience.

Interprétations

Une psycho-pièce de voyage intérieur où l'on essaie de retrouver son identité en laissant parler son cœur et le désir d'être seul dans la nature; un besoin important de faire le point.

Il y a un temps pour le travail et un temps pour le repos. Notre société contemporaine est malheureusement axée sur le travail: cinq jours sur sept sont passés hors de la maison. Inutile de souligner l'importance des moments passés en compagnie de soi-même!

Beaucoup de personnes ont peur de se retrouver seules avec elles-mêmes; elles sentiraient sans doute le besoin de se questionner, de s'évaluer et ainsi de voir si la direction de leur vie prend une allure satisfaisante. On peut fuir la réalité pendant un certain temps, mais des effets secondaires se feront sentir sous forme d'insomnie, d'anxiété, d'ulcères d'estomac, de migraines, etc.

Profitez donc au maximum de votre vie en gardant du temps pour relaxer. Remarquez que la quiétude peut très bien se retrouver en ville aussi bien qu'à la campagne. Assurez-vous de ne pas être dérangé durant vos moments de relaxation et de détente. Décrochez le téléphone, mettez une pancarte «ne pas déranger» à votre porte. Ensuite, vous pouvez faire jouer votre disque de relaxation favori, et vous asseoir confortablement dans votre fauteuil préféré. Fermez ensuite les yeux en prenant trois ou quatre bonnes respirations en inspirant lentement, calmement et profondément. En commençant par la tête, le visage puis le cou, les épaules, les bras, les mains, le thorax, le ventre jusque dans le bout des orteils, détendez chacune de ces parties en vous imaginant mentalement qu'elles deviennent de plus en plus lourdes. Vous pouvez vous imaginer sur une île déserte (ou dans votre endroit favori) déshabillé, et étendu sur le sable chaud, absorbant par tous les pores les caresses chaleureuses du soleil. Soyez attentif aux bruits du vent qui fait bruisser les arbres, au bruit de la mer qui déferle doucement sur la plage, tandis que les mouettes glissent dans l'air et poussent des cris intermittents.

Il ne vous reste plus qu'à organiser votre voyage intérieur. Rien ne vous empêche d'enregistrer vos propres directives et votre musique sur cassette.

Relaxer peut se faire de bien des façons. Cela veut dire oublier ses tracas, le travail, faire le vide en somme: alors, on peut tout aussi bien relaxer en regardant la télévision qu'en jouant au golf. Faites-vous plaisir et prenez le temps de penser à vous.

Comment pouvez-vous projeter le calme et l'assurance autour de vous si vous avez les nerfs en boule!

La forêt veut aussi nous montrer l'importance du détachement, du retour à la vie simple, loin de la ville, de la pollution, du bruit et de sa technologie «avancée».

C'est du retour aux sources, à nos racines existentielles, dont il est question.

Combien de fois n'avez-vous pas entendu l'exclamation: «Ah! c'était le bon vieux temps!» Mais c'est encore le bon vieux temps! À vous de vous organiser un mode de vie en conséquence!

Interrogation personnelle

Aujourd'hui même, je me réserve quelques minutes de méditation, de réflexion.

Ai-je peur d'être seul face à moi-même?

Comment pourrais-je m'organiser pour avoir plus de temps à passer avec moi-même?

Est-ce que j'essaie de fuir une personne, une situation, un problème en faisant trop d'heures supplémentaires?

Naître et grandir,
la vie est une
série de transformations

LE PAPILLON

Mort, transformation,
passage, danger

Caractéristiques ↑↓

Métamorphose, transformation, changement, nouvelle vie, retour aux sources; retrouver notre vraie identité; le requérant est ou connaît une personne en danger de mort, rarement une mort physique mais une transformation radicale, la découverte d'une nouvelle dimension; le temps est le facteur destructeur; il faut être prêt à mourir à soi-même et au monde à chaque instant. Faire la paix avec soi-même et les autres; c'est l'espérance d'une nouvelle vie. Les épreuves engendrent le détachement et la sagesse; c'est le transit, voire même la naissance, et, finalement, la libération de la matière.

Interprétations

Afin de vous rassurer un peu, la «mort» dont il est question ici signifie rarement une mort physique mais plutôt une transformation majeure et souvent inattendue qui changera probablement votre perception des choses.

Il se pourrait, cependant, comme indiqué dans les caractéristiques, que vous soyez précisément en danger de mort, ou qu'une de vos connaissances le soit; de toute façon, soyez prudent et attention aux accidents.

Ne pas accepter les éternels changements et transformations constitue un handicap majeur qui nous empêche d'évoluer. Tout naît et tout meurt, tout est créé et, éventuellement, détruit. La naissance engendre la mort et la mort suppose une renaissance. Rien n'est perdu et tout est à gagner.

Le problème c'est qu'il faut accepter le processus normal de la vie physique: la naissance, la croissance et la mort. Tant et aussi longtemps que l'on regardera la mort comme quelque chose de laid et d'anormal, on ne pourra vivre en toute quiétude. La mort peut même être source d'espoir; espoir d'être libéré des peines et des douleurs, espoir de retourner vers sa source, espoir d'avoir un corps transformé, ou même, tout simplement, de se reposer.

La psycho-pièce de la mort est représentée par **le papillon**, qui, comme vous le savez, était une chenille dans sa vie passée. Du sommeil naturel s'est éveillé un être transformé, d'une légèreté et d'une simplicité inégalées. Suivre le courant naturel du ruisseau et se laisser porter par le vent en faisant confiance au lendemain qui apporte toujours de belles surprises.

Cette «mort» est une transformation des idées, de notre façon de voir et de concevoir les choses; il faut être prêt à mourir à soi-même chaque jour.

Afin de mieux accepter les changements, il faut faire, durant ses loisirs, de nombreux pélerinages en pleine forêt, dans la nature, ou les oiseaux, les poissons, les animaux et les fleurs ne se soucient guère du lendemain et des dissertations philosophiques. C'est la vie qui bat son rythme.

Le recueillement dans la nature nous permet de nous voir tels que nous sommes: des êtres en mouvement qui aspirent à retrouver leurs racines. C'est aussi le grand facteur temps qui agit comme agent de changement rapide et imprévisible sur nos vies.

Interrogation personnelle

De quoi ou de qui ai-je peur?

Que signifie le changement pour moi?

Suis-je en harmonie avec moi-même?

Ai-je fait la paix avec la mort?

Quelles sont les transformations qui s'imposent, et leurs étapes: A, B, C, etc.

Est-ce que j'ignore les changements à effectuer? Pourquoi? Suis-je bien ainsi?

La vie ressemble à un théâtre
où l'on a tous un rôle à jouer.

LES MASQUES

Force mentale et émotionnelle, harmonisation intérieure

Caractéristiques ↑

Vous vous sentez émotionnellement et mentalement nourri. Il y a abondance, bonheur, plénitude, joie. Vous êtes en harmonie aussi bien avec vous-même qu'avec les autres; compréhension, paix intérieure; les échanges, les discussions et les relations interpersonnelles sont favorables, tout semble clair et limpide. Vous êtes positif, affirmatif et enthousiaste, il vous semble que tout va très bien, qu'il n'y a rien qui cloche. Votre vie affective et intellectuelle vous comble, vous êtes bien équilibré. Plaisirs, satiété. Vous êtes content de votre rôle.

Caractéristiques ↓

C'est le chaos, la confusion totale. Vous vous sentez anxieux(se) et déprimé(e). Aujourd'hui, il vous semble que tout marche à reculons. La fatigue, le manque d'énergie et le découragement vous assaillent. Il y a un déséquilibre entre vos aspects émotionnel et psychologique; ruine mentale et émotionnelle, luxure, interférence, défaite, désappointement, souffrance, indolence, futilité.

Interprétations

La nature «positive» ou «négative» de nos pensées influence directement notre côté émotionnel dans la majeure partie des cas.

Si on s'efforce d'être optimiste (tout en restant réaliste), on se sentira également beaucoup mieux dans sa peau.

Dans sa position normale, cette psycho-pièce vous apporte l'équilibre nécessaire entre votre vie émotive et intellectuelle. Si vous remplissez votre mental d'idées positives, de bonnes lectures, de belle musique et que vous avez des relations interpersonnelles enrichissantes, vous vous sentirez presque automatiquement enrichi et plus heureux. Avoir quelque chose à faire, à aimer et à espérer vous maintiendra en forme. Il n'y a que vous qui puissiez vous rendre la vie agréable; d'ailleurs, c'est votre responsabilité à vous et à personne d'autre.

Cette psycho-pièce montre les deux masques que peut revêtir l'être humain. N'ayez pas peur de vous montrer tel que vous êtes. La plupart des gens ne montrent pas leur vraie personnalité (d'ailleurs, le mot personnalité vient du mot grec *persona* et signifie le masque). Être authentique et vrai envers soi-même porte à agir de la même façon avec les autres, et cela favorise la communication.

Profitez donc de votre harmonie intérieure pour accomplir vos tâches actuelles. Ne vous inquiétez surtout pas si vous avez tiré la psycho-pièce inversée, car cela signifie que c'est le moment de regarder dans votre for intérieur pour savoir ce qui ne va pas.

Interrogation personnelle

Suis-je authentique envers moi-même, ou est-ce que je préfère porter un masque?

Si je porte un masque, à quoi ressemble-t-il et qu'est-ce qui se cache derrière?

Y a-t-il des situations dans lesquelles vous devez porter un masque?

Est-ce que j'utilise suffisamment mon potentiel intérieur?

Est-ce que je crois en moi?

Si vous vous surprenez à avoir des pensées négatives, faites l'effort aujourd'hui même de leur substituer des pensées plus positives et constructives; vos émotions également prendront une allure plus positive.

Aller en profondeur pour comprendre son fonctionnement est enrichissant, mais quelquefois, on se sent déprimé par habitude; c'est à ce moment-là que l'on doit se parler et remplir son esprit de pensées positives telles que «je me sens bien», «je vais de mieux en mieux», «je suis heureux(se)».

C'est à chacun de créer
et de vivre son propre film.

L'ÉCRAN

Projection, inconnu, création

Caractéristiques ↑↓

Le connu ou l'inconnu, les surprises, les fantasmes, les rêves, les désirs, la joie, la tristesse, le début, la fin; nos propres projections, etc.

Interprétations

Cette psycho-pièce est l'écran sur lequel notre esprit peut projeter toutes sortes de visions. Habituellement, le film projeté sur l'écran sera celui des préoccupations de notre vie actuelle.

Il n'en tient qu'à nous d'y voir ce que nous voulons. S'imaginer le but clairement dans son esprit constitue la première démarche pour la réalisation de ses désirs les plus intimes. D'ailleurs, tout commence par une idée avant de se concrétiser.

Le succès de grands personnages est basé sur l'exercice régulier de la visualisation afin de parvenir au but recherché. Imaginez-vous tous les jours en train de réussir, croyez en votre potentiel et vous atteindrez sans aucun doute votre objectif.

Cette psycho-pièce n'est ni bonne ni mauvaise, car elle reflète le portrait de votre vie présente. Une expérience, qu'elle soit bonne ou mauvaise, reste une expérience; elle ne devrait pas servir d'obstacle, mais, plutôt, servir de leçon afin de vous faire grandir en sagesse dans la voie que vous avez choisie.

Si vous avez tiré cette psycho-pièce dans le but de connaître l'avenir, eh bien, vous verrez, avec le temps, que la vie vous réserve des surprises.

Pensez surtout que vous n'êtes pas obligé d'avoir tous les éléments du casse-tête pour agir. Il faut faire confiance à l'avenir.

Si on apprend à être pleinement conscient de chaque instant qui passe, il y a de grandes chances pour que l'on évite les erreurs et que demain se déroule comme si tout était organisé.

Interrogation personnelle

Qu'est-ce que j'aimerais avoir comme scène sur ma propre psycho-pièce écran?

Comment puis-je réaliser mes désirs? (En commençant par un désir à la fois. Le danger pour certains, c'est de vouloir tout avoir dès le début.) Commencez par ce qui vous semble plus familier ou plus facile à atteindre; visez haut mais soyez réaliste!

Peut-être que je préfère attendre de voir ce que la vie va me révéler. (Que sera, sera!)

CHAPITRE IV

THÉORIES ET TECHNIQUES DE TIRAGES

«Celui qui sait ne parle pas.
Celui qui parle ne sait pas.»

LAO TZU

Le mécanisme de projection

Il existe en psychologie un mode de pensée et une façon de se comporter qui ont pour buts de protéger le côté psychique de l'être. C'est un mécanisme de défense, appelé «projection», qui a pour fonction d'attribuer nos fautes, nos caractéristiques, nos problèmes et nos attitudes aux autres.

Les situations suivantes vous serviront d'exemples:

- Un jour, à votre travail, vous vous sentez exténué. Vous rencontrez un collègue et vous lui dites: «Mon Dieu que tu as donc l'air fatigué!» (quand, en réalité, c'est vous-même qui êtes fatigué).
- Depuis quelque temps, vous vous sentez déprimé et tout vous semble noir. Vous êtes invité à un vernissage de tableaux. Vous faites le tour et on vous demande vos impressions. «Ces tableaux sont tristes et sombres, il me semble que la solitude y règne.»
- Vous vous levez du bon pied ce matin, en route vers les magasins pour y faire vos emplettes; vous vous sentez

plein d'énergie et de bonne humeur. Le monde est beau, c'est une belle journée, où tout va pour le mieux. Vous rencontrez un ami qui vous demande votre opinion sur tel ou tel sujet. Votre réaction et vos commentaires subjectifs sont plus favorables que d'habitude car ils sont teintés de votre bonne humeur.

Étymologiquement parlant, projeter signifie «jeter en avant de soi», extérioriser ce qui se cache à l'intérieur.

Ce qui se produit dans une situation donnée, c'est que la personne transmet ses perceptions, ses idées personnelles sur un objet ou une personne. Cela ne veut pas dire que le jugement d'une personne sur un sujet quelconque soit OBJECTIF: L'«objectivité» est trop souvent teintée de subjectivité, c'est-à-dire que la situation n'est pas décrite telle qu'elle l'est en réalité.

Il est dit que l'on ne parle que de soi; on voit le monde à travers ses yeux qui, eux, sont teintés de notre expérience personnelle.

Les psychologues utilisent beaucoup les «tests projectifs» qui facilitent l'extériorisation de la personnalité. Parmi les plus utilisés, on retrouve le T.A.T. et le RORSCHACH où images, dessins, photos et taches d'encre constituent les meilleures façons de faire «sortir» les pensées secrètes, souvent sans que les gens en soient eux-mêmes complètement conscients.

Les psycho-pièces sont basées sur le phénomène de la projection «sélective». Elles pourront vous aider à prendre conscience des idées qui se trouvent dans votre for intérieur. En prenant conscience de ce qui vous habite, vous serez plus en mesure de vous connaître et ainsi de mieux contrôler votre vie et, finalement, votre destin.

La synchronicité

Les psycho-pièces, et autres «outils» psychologiques de ce genre fonctionnent tous selon le même principe inexplicable de la synchronicité (ou de la «coïncidence»). C'est-à-dire que la pièce qui émerge de la pochette semble presque toujours être celle qui correspond le mieux à notre question.

Permettez-moi de vous donner ici un exemple du phénomène de la synchronicité. Je formule ma question ainsi: «Je voudrais avoir un exemple de la synchronicité?» Je prends soin de bien mélanger les psycho-pièces, de bien les «sentir» à l'intérieur de la pochette et de me laisser attirer aveuglément par celle qui «colle» le plus à mes doigts. (La psycho-pièce appropriée semble toujours être là au bon moment). Je tire **l'éclair** mais dans sa position normale ↑. Drôle de «coïncidence» car la synchronicité est un phénomène qui se produit de façon rapide, sans connaissance, sans contrôle de notre part! Il n'y a rien eu de planifié et pourtant l'association est belle et bien exacte.

Le fait même de me concentrer sur la question semble faire en sorte que la réponse appropriée en émerge.

De la même façon, il vous est certainement arrivé de penser tout à coup à quelqu'un alors que vous étiez en train de penser à autre chose, et, quelques instants plus tard, d'entendre sonner votre téléphone. Drôle de «coïncidence», c'est l'ami(e) en question qui est à l'appareil.

Il est difficile de vérifier le phénomène de la synchronicité de façon scientifique car il ne se répète pas toujours à volonté mais plutôt de façon sporadique. Il semble plus cependant qu'une simple coïncidence car il a toujours une relation directe avec l'objet de notre réflexion.

Consulter les psycho-pièces pour soi ou pour les autres

Les façons d'utiliser les pièces sont nombreuses et propres à chacun.

L'idée générale du livre est d'apprendre à mieux se connaître et à mieux contrôler sa vie en s'observant (par l'entremise de ses pièces) toujours un peu plus de façon quotidienne et régulière.

Il n'y a aucune loi, aucun principe qui empêche de poser des questions ou de chercher à obtenir des éclaircissements sur les autres. Les réponses sauront peut-être vous apporter le réconfort voulu ou l'explication attendue. Bien plus que cela, elles vous renverront à vous-même, aux responsabilités que vous pouvez assumer en rapport avec le sujet de votre question.

«Ce jeu se joue à deux!»

Vous pouvez très bien en compagnie de l'être cher, d'un ou d'une amie poser à tour de rôle des questions de toutes sortes et en discuter les réponses par la suite. Laissez aller votre imagination!...

À deux, les psycho-pièces peuvent apporter une très bonne façon de se «projeter» et d'entamer une discussion, un échange sur des sujets difficilement abordables pour tous en temps normal.

Exemple: Victor et Simone veulent discuter de leur vie de couple qui semble plus ou moins satisfaisante depuis quelque temps. Ne sachant pas trop par quoi commencer la discussion, Simone choisit au hasard une psycho-pièce. C'est la pièce de **la forêt** (position ↑) qui sort du sac. Surprise et étonnée de l'exactitude de cette «pièce», Simone s'exclame instantanément qu'elle est trop repliée sur elle-même depuis qu'elle a commencé son nouveau travail. «C'est vrai, dit-elle, je ne suis jamais à la maison avec toi le soir». Suite à cette prise de conscience, Simone et Victor trouvent ensemble un compromis, une façon de remédier à leurs problèmes.

Y-a-t-il une différence entre les psycho-pièces thérapeutiques et les psycho-pièces divinatoires?

La question est personnelle. La réalité, c'est que l'on peut prédire l'avenir avec tout ce qui nous entoure. Je pourrais aussi bien utiliser le dictionnaire comme oracle. Exemple: Où en est ma relation avec mon épouse? J'ouvre à l'improviste mon dictionnaire et, sans regarder, je pose mon doigt sur le mot «choisir». Et, effectivement, c'est un très bon choix.

Qu'il soit question du dictionnaire ou de psycho-pièce, le principe fondamental est basé sur la projection; pour certains, il sera question de VOYANCE. Peut-être que la voyance est synonyme de projection... Cela ne discrédite en rien les phénomènes parapsychologiques tels que la clairvoyance ou la prédiction de l'avenir. D'ailleurs, j'ai personnellement été confronté à quelques expériences inexplicables concernant ces domaines.

Clarification de la question

Assurez-vous de bien formuler votre question avant de tirer la psycho-pièce.

Une question ambiguë vous donnera une réponse ambiguë. Les questions qui exigent comme réponse un «oui» ou un «non» ne sont également pas appropriées car aucune pièce ne peut répondre par «oui» ou par «non». Pour cela, vous n'avez pas besoin d'un jeu comme celui-ci; une simple pièce de monnaie suffit!

L'idée de ce concept est de vous donner matière à réflexion et non LA réponse toute faite. Apprendre à se connaître, c'est connaître son destin (dans la mesure du possible). Il faut être prêt à y mettre tout son temps.

En définitive, toutes les questions qui vous tiennent à cœur sont toujours appropriées. Elles peuvent concerner votre travail, votre évolution, vos relations, une décision importante, etc.

Exemple de question

— Devrais-je changer de travail?

Cette question exige une réponse en «oui» ou «non».

Cette question devrait être reformulée pour vous laisser le soin de réfléchir, de choisir et d'agir selon vos besoins et convictions.

— Qu'est-ce qu'un changement de travail m'apporterait?

Votre rôle dans cette nouvelle formulation devient *actif* et non passif!

Les difficultés

Il n'y a pas de réponses terribles, il n'y a que des réactions inappropriées.

Dernièrement, un collègue de travail tira du sac la psycho-pièce représentant **le papillon**. Il fut saisi d'une crainte momentanée. Pour certains, la mort déclenche une peur indescriptible et pour d'autres, ce n'est qu'un passage.

Votre manière de concevoir les choses agit directement sur vos perceptions et sur votre attitude. Dans les psycho-pièces, la mort représente les transformations majeures, rarement la mort physique.

De toute façon, soyez conscient qu'il est important pour vous de méditer et de travailler sur les psycho-pièces qui vous mettent mal à l'aise.

Essayez de comprendre pourquoi vous réagissez ainsi et trouvez à l'aide d'ami(e)s et des psycho-pièces, une solution à votre problème. Ne restez pas dans l'inquiétude et le doute. «Rien dans la vie ne doit nous effrayer, il s'agit de comprendre». (Marie Curie)

Même si le tirage devait s'avérer «négatif», il ne faut pas s'en faire car c'est vous qui avez le contrôle; les nuages noirs sont passagers et vous apportent plutôt matière à réflexion. Plutôt que de paniquer, vous devez essayer de comprendre le message que vous apportent les psycho-pièces.

Techniques de tirages

Avant tout, il serait bon d'étudier chacune des psycho-pièces dans le but d'en comprendre le langage symbolique. Cette compréhension viendra s'installer d'elle-même, au fur et à mesure que vous les utiliserez.

Tirage à une psycho-pièce

Cette façon de tirer est la plus simple et la plus rapide. Elle consiste à formuler sa question, mélanger les pièces et en choisir une au «hasard». Prenez le temps qu'il vous faut et laissez-vous aller à votre sens du toucher, puis prenez la pièce qui semble le plus «coller» à vos doigts.

Ce tirage convient bien aux situations qui vous demandent de réfléchir et d'agir de façon rapide.

Exemple : Une importante réunion est organisée à la dernière minute par votre patron au sujet d'un de vos projets et vous avez besoin de savoir comment cela risque de se passer.

Aussitôt que vous aurez choisi au «hasard» votre psycho-pièce, regardez ensuite ses caractéristiques, surtout celles qui attirent le plus votre attention. Ensuite, vous pouvez lire la section «Interprétations» qui vous donnera «une» vision possible de la psycho-pièce mais il y en a plusieurs... cela dépend de vous. À vous de créer la vôtre!

Tirage de questionnement

Ce style de tirage conduit à une forme de dialogue avec vous-même.

Assis confortablement chez vous, posez sur la table (si vous le désirez, bien sûr!) un morceau de tissu de soie ou de velours noir ou de la couleur que vous préférez mais dont l'usage sera spécialement réservé à vos psycho-pièces. L'important, c'est de créer une ambiance propre à la réflexion et à la contemplation. Ajoutez une chandelle et peut-être même de l'encens ainsi qu'une musique douce de votre choix. Bien qu'il ne soit pas nécessaire d'avoir toutes ces choses-là, elles faciliteront la concentration, surtout si vous en faites un rituel et l'utilisez de façon régulière. L'être humain est une créature d'habitudes, bonnes ou mauvaises. La répétition d'une action avec l'association d'un certain décor, de certains objets, de certaines odeurs conditionnent les réflexes désirés. C'est pour cette raison que les adeptes des techniques de Yoga recommandent de réserver un coin de la maison qui sera spécialement assigné à la méditation.

Voici venu le temps d'élucider certaines questions et d'aborder certains aspects ayant besoin d'analyse.

Exemples

1) Qu'est-ce qui m'a poussé à agir ainsi aujourd'hui avec François?

Réponse: C'est **l'arc** (↑) qui est tiré.

«Ah oui, j'avais beaucoup d'énergie aujourd'hui mais j'ai peut-être empiété sur les «libertés» de François!

J'ai peut-être exagéré avec lui, c'est vrai que j'étais préparé et qu'il ne l'était pas...»

2) «Comment aurais-je pu agir envers lui?»

Réponse: C'est **la semence** (↑) qui est tirée.

«Après tout, ce n'était peut-être pas encore le moment de lui parler de ce projet. Il faut que cela se fasse en son temps. Je dois comprendre que François a également plus de travail qu'il peut en effectuer.»

3) Quelle leçon dois-je retenir de cette journée?

Réponse: C'est la psycho-pièce de **la fleur de lotus** (↓) qui est tirée.

«C'est vrai. J'avais déjà pris connaissance du projet mais, pour lui, c'était nouveau. Il s'est donc senti bousculé car il n'avait pas tous les éléments du casse-tête. Je devrai donc attendre qu'il soit prêt et bien disposé.

Tirage à trois psycho-pièces

A) Cette méthode vous permettra de prendre le «pouls» global d'une situation.

Elle consiste à tirer trois pièces consécutives de la pochette et de les placer devant vous, de gauche à droite.

1- La première, à votre gauche, représente la situation telle qu'elle est.

2- La deuxième, celle du milieu, représente l'action à entreprendre.

3- La troisième concerne la nouvelle situation telle qu'elle risque d'évoluer.

Exemple

A) Louise s'interroge sur la possibilité de prendre des vacances avec Jacques. Voilà déjà deux ans qu'elle et son mari n'ont pas pris de vacances ensembles.

5. Exemple de tirage (A) à trois psycho-pièces.

Réponse: De gauche à droite, elle a tiré **les possessions** (↑), **les cœurs** (↑) et **le monde** (↑).

En tout cas, cela semble encourageant. L'argent ne manque pas et, de plus, ce serait excellent pour la relation de couple; **le monde** représente les voyages, les rencontres, la réalisation de ses désirs et la réussite dans ses entreprises. Les psycho-pièces sont en faveur du projet.

B) Il y a également une autre méthode à trois psycho-pièces qui est recommandée pour *résoudre un problème*:

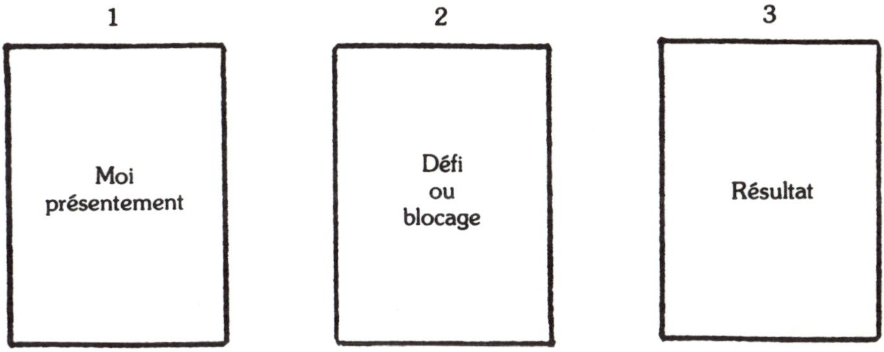

6. Exemple de tirage (B) à trois psycho-pièces.

- la première psycho-pièce, à votre gauche, vous représente en ce moment (côté psychique);
- la deuxième pièce, au centre, représente le défi à relever ou le blocage qui vous empêche d'atteindre votre but;
- la troisième et dernière pièce représente le résultat final après avoir rencontré le défi.

Cette approche, bien que ressemblant un peu à la précédente, a pour avantage d'essayer de vous faire découvrir l'élément qui bloque votre progression, qui vous empêche d'évoluer.

Tirage à trois psycho-pièces: «l'arbre de la psycho-synthèse»

A) La troisième méthode à trois pièces se nomme «l'arbre de la *psycho-synthèse*».

1) En commençant par les viscères (les tripes), cette psycho-pièce est placée à la base de votre «arbre», et représente les sensations, les déchirements, les réactions physiologiques face à votre fonctionnement

psychologique. C'est votre «gut feeling», ce que vous ressentez au plus profond de vous-même.

2) Située au-dessus de la première pièce, cette deuxième psycho-pièce représente votre côté émotif, le niveau du cœur. Elle indique la façon dont vous vivez émotivement votre existence ou une situation.

3) Cette troisième et dernière psycho-pièce, c'est la tête, le niveau intellectuel et cérébral. Quelles idées, quelles perceptions se cachent à l'intérieur?

Remarquez que dans l'arbre en question, les racines sont les tripes ou nos réactions physiologiques l'audace face à nous-même et à notre vécu, et face à notre entourage.

La plupart des gens fonctionnent trop avec le côté cérébral. Ils auraient avantage à écouter leur cœur et leurs tripes qui, eux, ne mentent jamais. On risque toujours d'avoir l'heure juste en observant nos émotions et nos sensations.

Trop souvent, les mécanismes de défense au niveau psychologique servent à protéger notre côté mental contre les agresseurs tels que l'anxiété, la culpabilité et la honte.

Le malheur dans tout cela, c'est que le mental est très habile dans l'art de camoufler les sentiments; tout est rationalisé, toute question a toujours «sa réponse».

Psychologiquement, on peut comprendre la raison d'un divorce, d'une maladie, d'une faillite, mais les séquelles sont enregistrées au niveau corporel et émotionnel: c'est pour cette raison qu'il est parfois si long de s'en remettre.

La méthode de «l'arbre de la psycho-synthèse» devrait être utilisée de façon régulière dans le but de réveiller cette autoconscience globale de soi.

3
Tête
(intellectuel)

2
Cœur
(émotions)

1
Tripes
(réactions physiologiques)

7. Exemple de tirage (A) à trois psycho-pièces: «l'arbre de la psycho-synthèse».

Exemple: Suzanne, mère de deux enfants, me demande conseil pour savoir comment agir face à son aîné, jaloux, semble-t-il, de sa petite sœur à peine âgée de quelques mois. Suzanne est une femme qui garde ses pensées et sentiments bien cachés. Afin de provoquer une prise de conscience de ses sentiments, je lui propose le tirage de «l'arbre de la psycho-synthèse».

Une à une, en réfléchissant à sa situation, Suzanne tire trois psycho-pièces de la pochette.

La première à la base de «l'arbre» est **l'écran**, la deuxième (celle du centre), **les masques** ↓ (position inversée) et **le sceptre** ↓ en troisième position.

La synchronicité, toujours aussi surprenante, nous brosse un tableau assez précis du comportement de Suzanne.

Au niveau des tripes, c'est effectivement l'inconnu, c'est-à-dire qu'elle réussit très bien à faire abstraction de ce qu'elle ressent au plus profond d'elle-même.

Au niveau du cœur, elle se sent bouleversée et littéralement «renversée» par ce qui se produit au sein de sa famille, l'aîné qui jalouse sa petite sœur. Consciente qu'elle a un problème, mais dans le but de ne pas faire face à sa situation, elle a trop attendu avant de demander conseil, ce qui constitue un certain manque d'affirmation, de maturité de sa part. Le cœur et l'esprit fonctionnent de façon médiocre, et les réactions profondes et sentimentales ignorées **(l'écran)**.

Suite à ce tirage, Suzanne reconnaît qu'elle n'a pas voulu laisser voir ses sentiments, de peur de perturber l'équilibre familial.

Dans tout problème quel qu'il soit, il faut, premièrement, prendre conscience de ses sentiments, ensuite agir et rectifier et non refouler ses émotions.

Les émotions refoulées à l'intérieur du «grenier» de notre subconscient sont bien souvent les causes profondes de la dépression, de l'anxiété, des névroses et des problèmes psychosomatiques: migraines, ulcères d'estomac, hypertension, insomnie, etc.

Tirage de la croix

Ce tirage convient bien pour des analyses plus complexes de nos motivations par rapport à une situation.

Ce tirage s'effectue à l'aide de cinq psycho-pièces. Il est inspiré des techniques de tirage du tarot.

1- C'est le moi, votre personne, telle que vous êtes à l'instant présent, également vos points forts, ce qui est pour.

2- C'est la situation, l'obstacle, l'associé(e), tout ce qui est extérieur à vous et qui vous influence directement; cela peut être aussi ce qui est contre.

3- La relation, ce qui unit ou permet d'associer, ce qui vous garde en contact avec le point précédent.

4- Le résultat de vos démarches au niveau concret, c'est la matérialisation de votre question.

8. Exemple de tirage de la croix.

5- C'est la synthèse finale de votre interrogation, une information supplémentaire vous indiquant la direction à prendre.

Exemple: Bertrand et moi discutons du stress occasionné par sa profession. Bien qu'il trouve son travail passionnant, il a souvent l'impression que l'on abuse de lui. Il aime relever les défis, mais il a peur d'être épuisé et de vieillir prématurément. Que faire? Foncer et supporter le stress? Où tout arrêter?

Le tirage de la croix lui est proposé, et les psycho-pièces suivantes émergent de la pochette.

Dans leur position respective: 1) **la montagne** ↑, 2) **l'ouverture** ↓, 3) **la croix** ↑, 4) **le portail** ↑, 5) **le sceptre** ↓.

Selon ce tirage, la force et le courage (1) ne manquent pas à Bertrand; cependant, son entourage direct (ses collègues de travail) est plus ou moins réceptif; (2) leur coopération laisse à désirer. Cette relation ou cette association prend la forme d'un sacrifice (3) volontaire, car il est au courant de cette situation depuis quelques années déjà, mais il préfère contourner la montagne plutôt que d'y faire face. Le résultat est prometteur, les sacrifices porteront fruits et une nouvelle relation de travail pourra s'établir (4), s'il accepte les changements que suggère la psycho-pièce du sceptre. (5) Cette pièce-synthèse suggère que Bertrand doit se prendre en main en s'affirmant d'avantage envers ses collègues de travail. En indiquant ses propres limites, ils apprendront à le respecter et à connaître son rythme de travail.

Autres méthodes

Méditation de la journée

Tous les matins avant le petit déjeuner, vous pouvez commencer la journée en tirant une psycho-pièce. Cela vous permettra de vous centrer sur vous-même et de mieux orienter vos comportements de la journée.

N'oubliez jamais que c'est vous qui dirigez et que la pièce n'est là que pour vous apporter matière à réflexion.

Tirage «échange d'idées»

Cette méthode est excellente pour faciliter l'échange entre membres d'une classe, d'un groupe ou avec les collègues de travail.

Chaque participant choisit au hasard trois psycho-pièces et les dépose face contre table. (Il est préférable pour ce tirage particulier, que chaque membre possède son propre jeu de psycho-pièces ou, sinon, allez-y à tour de rôle.)

Vous pouvez vous entendre au préalable sur les sujets que vous voulez aborder.

Exemple d'une application de ce tirage avec un groupe de personnes

Chacun des participants procède à tour de rôle. Le premier retourne sa pièce et partage avec le reste du groupe sa perception et l'application possible de la psycho-pièce dans sa vie immédiate.

À tour de rôle, les autres procèdent de la même façon.

De retour au premier participant: la deuxième pièce est retournée, analysée et interprétée par rapport à son rôle, son comportement et ses effets sur la vie du participant.

On passe à la troisième pièce lorsque chacun a terminé son interprétation.

Ce troisième tour est réservé aux solutions et alternatives possibles quant aux difficultées rencontrées.

C'est à vous et au groupe de choisir les thèmes, et le nombre de tours de table. Les possibilités sont illimitées.

N.B.: Vous pouvez très bien laisser le soin à chacun de choisir ses trois ou quatre pièces (peu importe le nombre choisi), pour ensuite en discuter à tour de rôle dans le groupe. Choisissez-les en vous laissant attirer par leur symbolique et leurs caractéristiques.

Tirage projectif

Ici, il s'agit de projeter vos idées, tel un projecteur sur un écran: les psycho-pièces.

Bien installé dans un endroit tranquille, vous allez sélectionner, classifier et placer devant vous, par groupe de trois, vos psycho-pièces.

Le 1er groupe se rapporte aux pièces que vous percevez comme positives (+), les symboles et les caractéristiques qui vous plaisent, celles avec qui vous vous sentez en harmonie.

Le 2e groupe est celui des pièces que vous jugez «négatives» (—), celles qui vous mettent mal à l'aise et vous gènent.

Le 3e groupe est constitué par les pièces que vous trouvez neutre (0), sans valeur. Celles qui ne «sonnent» pas de cloche, qui ne vous font pas vibrer, qui vous laissent indifférent(e).

Ceci n'est que la première étape, car vous pouvez les disposer en trois petites pyramides, c'est-à-dire en plaçant les pièces en rangées, de façon à ce que les plus représentatives se retrouvent au sommet de la pyramide. Procédez ainsi jusqu'à ce qu'il ne vous soit plus possible d'en sélectionner. Il ne vous en

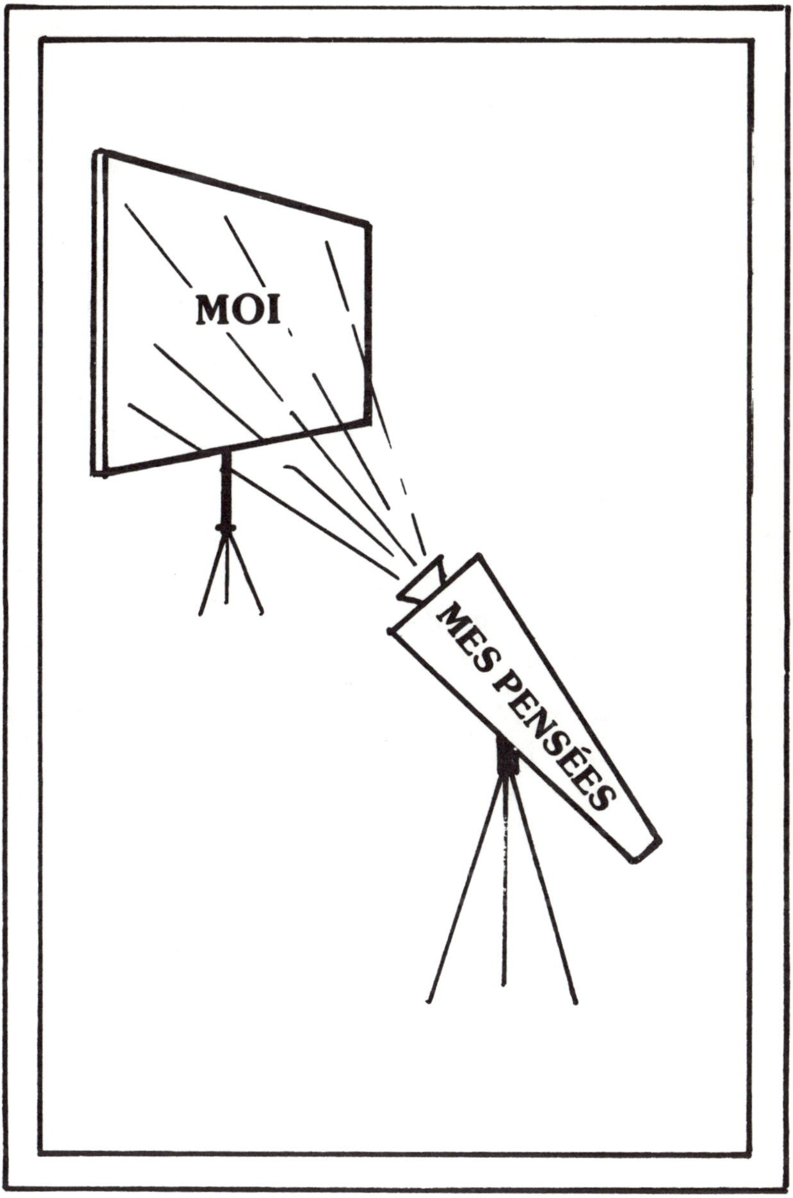

9. La «projection»

restera peut-être qu'une seule par groupe, dans certains cas deux ou trois, cela dépendra de vous. Peu importe, l'important c'est que vous soyez satisfaits de votre sélection.

Le but de ce tirage est de vous faire prendre conscience des aspects de votre vie et des domaines les plus gratifiants et ceux que vous percevez comme des obstacles.

À la suite de cette expérience, posez-vous les questions suivantes:

> Dans chacun des aspects positifs, négatifs ou neutres, pourquoi ai-je mis de côté certaines pièces plutôt que d'autres?
>
> Suis-je satisfait de mes choix?
>
> Si je n'ai pu réduire à une seule pièce par groupe, qu'est-ce qui m'en a empêché, et pourquoi ces pièces sont-elles si importantes pour moi?
>
> Jusqu'à quel point (dans ma vie de tous les jours) ces psycho-pièces choisies sont-elles représentatives de ma façon de concevoir les choses?

Prenez note de vos résultats et gardez-les dans un «journal de bord» spécialement réservé à cet effet.

CHAPITRE V

LE COMPOSÉ TROIS:
Une approche psychothérapeutique globale de l'être

L'homme pénétrant les mystères de l'Univers et des forces en action dans la Nature. Gravure sur bois, XVIe siècle.

«Pour vraiment comprendre quelqu'un,
on doit connaître ce qu'il croit,
ce qu'il pense,
ce qu'il ressent, ce qu'il mange....
«La vie est un bien perdu quand on
n'a pas vécu comme on aurait voulu»
Eminescu

Dans la vie courante, j'ai souvent vu l'homme lutter sur trois niveaux distincts mais interdépendants.

Il s'agit:

1) de l'aspect physique, corporel;
2) de l'aspect psychologique (émotionnel et intellectuel;
3) de l'aspect spirituel (l'esprit).

Cet aspect «spirituel» est utilisé dans son sens le plus large, et ici, comme tout au long de cet ouvrage, le mot spirituel est employé pour représenter l'esprit, la réalisation de soi, l'actualisation des valeurs transcendantales par rapport aux valeurs matérielles, la conscience cosmique ou universelle et, bien entendu, pour certains, une perspective d'orientation religieuse. Ces trois aspects (appelés le composé trois) sont nécessaires à notre évolution et à notre harmonie personnelle.

Les principes présentés ici ne sont pas réellement différents de ceux des grandes écoles de pensée philosophiques, hindoues et chrétiennes, toutes précieuses pour la psychologie moderne.

Les trois aspects que nous regarderons attentivement ont déjà été représentés sous une forme ou une autre. C'est le principe de la «conscience universelle» qui guide chaque être selon des lois naturelles déjà établies. Il faut dire qu'il n'y a rien de nouveau sous le soleil qui n'ait déjà, jusqu'à un certain point, été inventé.

Le composé trois

L'idée de représenter les différents niveaux de conscience à l'aide d'un symbole tel que la sphère remonte en partie au XVIe siècle. Elle apparaît aussi dans certaines anciennes écoles de yoga indiennes. Au XVIIe siècle, le philosophe allemand Gottfried Wilhelm Leibniz conçut un ouvrage sur les principes de la «Monadologie». (Ce terme fut introduit par Christian von Wolff en 1733.) Pour Leibniz, une monade est une unité, simple, indivisible et active qui compose l'homme et la matière. Cette monade est un niveau de conscience ou d'état à atteindre. Le symbole de la sphère représente aussi l'unité de perfection céleste et l'idée du tout.

Son objectif:

Le système, appelé ici «le composé trois», veut montrer une façon relativement simple de parfaire notre évolution psychospirituelle mais adaptée à des besoins d'analyse et de développement de soi.

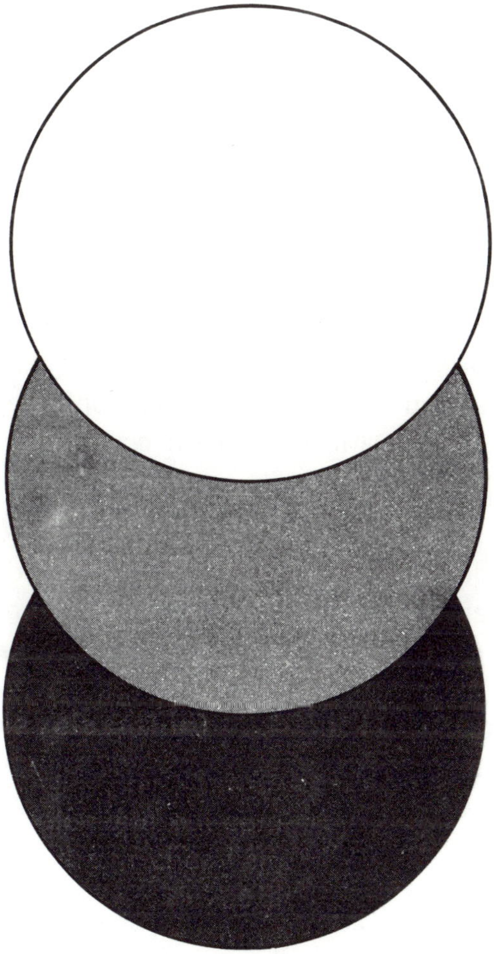

12. Le composé trois.

L'essentiel de ce système est basé sur le principe suivant: une fois que l'on a travaillé et perfectionné les aspects physique et psychologique inférieurs, il est éventuellement possible d'acquérir une nouvelle perspective et une conscience plus élevée qui peuvent déboucher sur la spiritualité.

Dans l'illustration 12, ces deux aspects inférieurs sont «teintés» pour démontrer qu'il faudra se nettoyer et se déconditionner et refaire son système de valeurs, avant d'accéder à l'aspect spirituel qui est «blanc» et transcendantal.

Il est impossible d'accéder à un niveau de conscience élevé ou à la réalisation de soi en demeurant dans la sphère physique ou matérielle (à moins d'une grâce exceptionnelle...). Nous devons tous intégrer systématiquement les niveaux physique, psychologique et éventuellement spirituel. Il faut apprendre à marcher avant de pouvoir courir.

La première prise de conscience du nouveau-né se situe au niveau de son corps. Ses intérêts et capacités se limitent à dormir, manger et évacuer. Il serait, bien entendu, impossible de discuter avec un enfant de principes philosophiques, car il ne fonctionne pas au même niveau que nous. Il est seulement concerné par son aspect physique. Le nouveau-né développera avec le temps ses propres idées et ses propres besoins psychologiques. À ce stade-là, il aura ajouté une nouvelle dimension (aspect psychologique) à sa vie. Mais pour diverses raisons génétiques, biologiques ou extérieures (environnementales), certains enfants sont qualifiés de «retardataires» car leur développement psychologique reste précaire. Certains adultes ayant un quotient intellectuel relativement bas ont également des difficultés à raisonner de façon abstraite. Leurs pensées et leurs actions semblent être restées fixées à un niveau très concret. Ces gens-là ne connaîtront jamais le développement de leur aspect psychologique de façon profonde.

Mais faut-il rajouter qu'il y a des personnes qui choisissent de rester toujours au même niveau? Elles préfèrent demeurer dans l'ignorance plutôt que de saisir les nombreuses occasions qui leur sont présentées.

De la naissance à la mort du corps, l'être est en croissance et en évolution constante. Lorsque l'aspect psychologique a été vécu et transcendé, un besoin supérieur, spirituel apparaît! On se pose des questions quant à son existence, au but de sa vie et à sa finalité: «Il doit y avoir un but à tout cela!». C'est à ce moment-là que commence la quête de l'Éternel et le désir d'élever sa conscience dans la sphère spirituelle.

L'aspect physique

Mais revenons maintenant à ce tout premier *aspect physique ou matériel.* Bien que nous sachions tous que nous avons un corps, un véhicule pour nous déplacer, nous ignorons souvent qu'il dépend largement des deux autres sphères pour assurer son existence. Une voiture a besoin d'un conducteur! Pour vivre une vie «normale», il faut commencer par satisfaire les exigences du corps. Le corps est le véhicule de l'esprit, de l'âme, il doit être propre, bien nourri et en bonne santé si l'on veut vivre en harmonie avec soi-même et les autres.

J'ai rencontré, au fil des années, beaucoup de gens qui avaient malheureusement oublié leur «composé-trois». Prenons l'exemple de Monsieur X, ingénieur forestier âgé de 50 ans, qui se sentait déprimé. Ingénieur depuis trente ans, Monsieur X était marié depuis vingt-cinq ans à une femme qu'il aimait beaucoup. Il était père de deux enfants d'âge adulte qui réussissaient apparemment très bien dans la vie.

Malgré cela, il se sentait souvent triste et dépressif. Une petite évaluation révéla que Monsieur X passait la majeure partie de son temps pratiquement seul dans le grand nord, loin de sa famille, à travailler sur différents projets. Au fur et à mesure que le travail sur lui-même progressait, il lui devint apparent qu'il ne partageait pas assez ses pensées et ses sentiments. L'aspect psychologique de sa personnalité avait réellement été négligé pendant de nombreuses années, Monsieur X avait vécu la majeure partie de sa vie dans son seul aspect physique. Il était en forme physiquement, il se levait tôt, prenait un bon petit déjeuner et aimait sortir le matin pour respirer l'air frais de la forêt et voir la nature s'éveiller. Mais il n'était pas heureux. Il lui manquait l'harmonie entre ses différents aspects. On peut vivre seulement pour manger, dormir et travailler mais pour atteindre une harmonie parfaite, il faut exprimer ses émotions et vivre une vie intérieure riche. Bien qu'il soit très difficile de changer une habitude, Monsieur X était prêt à mettre les efforts nécessaires afin de retrouver sa joie de vivre. Il partage plus également ce qu'il vit, ce qu'il pense et ce qu'il ressent avec son épouse et ses enfants. De cette façon, il se sent moins isolé. La condition de Monsieur X s'est améliorée dans l'espace de quelques mois lorsqu'il a pris le temps de s'occuper de son côté psychologique tant négligé.

L'aspect psychologique et la technique de relaxation selon J.H. Schultz

Examinons maintenant l'aspect psychologique qui comprend les côtés émotionnel et intellectuel. Il y a chez l'être humain deux aspects très importants: un côté rationnel et un côté instinctif qui comprend les actions comme manger, dormir et sauver sa peau. Avec les années, l'être humain est devenu de plus en plus cérébral, intellectuel, rationnel et de moins en moins instinctif ou physique, ce qui crée un déséquilibre de sa personnalité car l'harmonie du composé trois n'y est plus.

L'homme et la femme se transforment tranquillement en robots car la technologie essaie, de jour en jour, d'éliminer, par des voies artificielles, la peur, le stress, la douleur et même les besoins sexuels.

On remplace doucement les anciennes valeurs par des nouvelles qui sont sensées contribuer de plus en plus à notre épanouissement. Les scientifiques espèrent bien arriver un jour à faire développer complètement les fœtus dans un bocal de verre; ainsi, les femmes n'auront plus besoin d'enfanter. On travaille dans des bureaux et des usines où les fenêtres on été éliminées et la clarté du jour remplacée par des gaz fluorescents. L'air extérieur arrive par un système central de climatisation. On travaille de longues heures assis ou debout et les méthodes de détente électronique demandent peu d'effort physique à notre corps. C'est l'ère de la technologie «avancée»... mais où est donc cet être de chair et d'os qui pleure et rit, aime et caresse, laboure la terre et n'a pas peur de suer pour gagner son pain? (Ce n'est pas la technologie qui est mauvaise en soi mais plutôt l'utilisation que nous en faisons.)

Les statistiques sont là. De plus en plus de gens se retrouvent dans le bureau du psychologue à la recherche de leur vraie nature noyée sous les valiums, l'alcool et les différentes excuses inconscientes... Mais sachez qu'il vaut mieux tard que jamais pour s'apercevoir que l'on a fait fausse route.

Les gens sont en général stressés parce qu'ils ne vivent pas en accord avec les «lois de la nature». Ils ne prennent pas le temps de penser et de faire une chose à la fois. Les moines bouddhistes ont pour philosophie qu'une seule action doit être entreprise en même temps. Quand ces moines travaillent, ils essaient d'apporter autant d'attention et de dévouement aux petites qu'aux grandes tâches. L'important est d'être présent à chaque instant et de ne pas penser à mille choses à la fois.

Les Japonais ont un rituel qui consiste justement à se concentrer, à méditer sur des choses très simples. Prenons, par exemple, la «cérémonie du thé». Dans le but d'apprendre à vivre intensément le moment présent et de retrouver la détente, une salle spécialement conçue à cet effet, est réservée pour la cérémonie du thé. Certains Japonais ont à l'extérieur de leur maison, dans leur jardin, une petite maisonnette dans laquelle se trouve le salon de thé. Les invités revêtent de beaux habits de soie qui ne sont portés que pour cette cérémonie. On leur demande alors de s'asseoir dans une section de la pièce réservée à cet effet. On ne trouve dans cette pièce aucune chaise mais de beaux coussins soyeux et, au centre, on dispose la théière et les tasses. Pendant que le maître de cérémonie prépare le thé, les invités doivent garder le silence et observer tous les mouvements du maître car chacun d'eux a son importance. Tout cela afin de favoriser la contemplation.

L'idée générale de cette cérémonie est de développer le «réflexe» d'être présent ici et maintenant en corps et en esprit dans toutes les situations. Spécialement conçue pour les gens qui vivent trop dans leur tête, qui sont trop cérébraux et pas assez près de leurs instincts ou leur corps, cette cérémonie fait appel aux cinq sens. C'est un principe reconnu parmi les différentes écoles de yoga et de méditation que l'utilisation des cinq sens de façon consciente favorise la relaxation, le repos, la transcendance physique, psychologique et spirituelle. En d'autres mots, on développe une nouvelle conscience et une nouvelle perception du monde. C'est d'ailleurs à travers ces moments de silence que l'homme peut découvrir sa vraie nature, sa vraie identité et l'état naturellement éphémère des choses.

La cérémonie du thé durera environ une heure, le maître prendra les feuilles de thé et les passera successivement à chacun de ses invités qui prendront tout leur temps pour les regarder, les toucher, les sentir et écouter les craquements des feuilles. Elles seront ensuite remises au maître qui les déposera lentement dans la théière en ébullition; une odeur aromatique ne tardera pas à envahir l'atmosphère. On demande alors aux invités de fermer les yeux et de concentrer leurs cinq sens sur les «activités» qui composent la cérémonie du thé: sentir l'arôme qui se dégage, écouter le bruit des feuilles et de l'eau qui bout et être attentifs aux différentes sensations du corps. Cette cérémonie leur rappelle qu'ils sont des êtres de chair avec une intelligence mais surtout un corps qui a des instincts et des besoins à satisfaire.

Manger et dormir sont des choses bien simples, tellement simples qu'elles deviennent souvent banales et routinières et qu'on oublie de savourer.

Il n'y a qu'une seule réalité qui existe, et c'est celle que vous vivez ici et maintenant, à l'instant même où vous lisez ces lignes. Hier n'est plus, c'est du passé, il ne nous reste que des souvenirs. Et que pouvons nous dire de demain, ce demain qui n'est pas encore né et qui prend la forme d'un rêve. Rêver et espérer au lendemain est souvent nécessaire pour nous inciter à agir, mais il ne faut pas vivre dans les nuages et ne penser qu'à demain.

Alors qu'est-ce qu'il nous reste vraiment?

Tout simplement le moment présent! Mais ce qui est le plus malheureux pour la plupart des gens, c'est qu'ils prennent de longs détours pour trouver le bonheur en se disant «Ah, si je pouvais être heureux demain comme je l'étais hier!» Il faut cesser de perdre son temps, c'est maintenant le moment d'être heureux. La situation idéale et parfaite est rare car il y a toujours quelque chose pour empêcher d'être pleinement satisfait. Votre énergie ne doit pas être dispersée inutilement. Elle doit être utilisée pour travailler le moment présent comme si c'était le premier et le dernier que vous ayez à vivre. Hier n'est plus; et demain, il sera peut-être trop tard.

Le moment présent peut être vécu en concentrant vos pensées positives sur chacune de vos actions. Lorsque vous prenez votre repas, prenez le temps de goûter, de regarder et de sentir les aliments que vous allez consommer. Faites une chose à la fois! Il y a beaucoup de personnes qui ne se souviennent même plus de ce qu'elles ont mangé à leur déjeuner. Ces personnes ne réalisent pas que le bonheur est fait de choses aussi simples que de savourer son plat préféré. Mais n'allez pas croire que vivre le moment présent signifie oublier le futur. Comme il y a une place pour chaque chose, il y a un temps pour chaque chose. La clé du succès en ce qui concerne votre aspect psychologique consiste à obliger votre esprit à répondre à vos besoins, à faire ce que **vous** voulez, et non l'inverse. Quand c'est le moment de manger: mangez! Quand c'est le moment d'aller vous coucher pour dormir: dormez! (et cela n'inclut pas de passer en revue les événements de la journée!...) L'heure du coucher n'est pas le moment le mieux choisi pour régler vos problèmes. C'est le temps de reposer votre corps et votre esprit afin de recharger vos batteries.

Respecter les lois de la nature signifie accepter ses propres limites; il n'y a que vingt-quatre heures dans une journée! Le corps ne peut prendre qu'un certain degré de fatigue; «brûler la chandelle par les deux bouts» déséquilibre l'harmonie de votre «composé trois». Vous pouvez jouer la comédie aux autres mais à long terme c'est vous qui allez payer la note: maladies, problèmes psychosomatiques, stress, etc.

La personne qui passe la majeure partie de son temps derrière un bureau, qui ne fait que penser et réfléchir toute la journée, ressentira éventuellement le besoin d'avoir des activités physiques telles que la natation, le ski, la marche, etc. Un corps fatigué qui manque d'oxygène ne peut être le soutien d'un esprit clair et précis. Les hommes et femmes d'affaires sont de «bons» exemples.

Janine (55 ans) propriétaire de son propre commerce me fait part de son problème d'insomnie. Elle me confie que sa compagnie prend rapidement de l'importance et qu'elle doit y consacrer de nombreuses heures afin d'en surveiller la bonne marche. Depuis plus de deux ans déjà qu'elle «fonctionne» de cette façon. Les causes de son insomnie ne sont pas difficiles à trouver: manque de sommeil, manque de loisirs, préoccupation constante de son commerce aux moments et endroits inappropriés comme les repas, dans ses rares moments de «détente» et au coucher. Elle oublie complètement de prendre en considération les besoins de son corps. Une personne reposée, produira beaucoup plus que si elle fonctionne sur du temps emprunté.

L'être humain est une machine, et, comme toute machine, elle doit être maintenue en bon état afin de pouvoir fournir le maximum de rendement. Aujourd'hui, on semble se préoccuper plus du rendement de notre voiture que de notre santé. On fait le plein d'essence: on n'a pas le choix! On fait une mise au point, on change l'huile et on vérifie la pression des pneus; mais on ne vérifie pas souvent notre propre pression! Alors, on attend! On attend avant de prendre les mesures préventives et quand les signaux d'alarme s'allument, il est parfois trop tard. D'ailleurs, pour certaines personnes, la maladie est parfois la seule façon de leur faire cesser le travail. C'est une des ruses que le corps utilise pour nous dire de ralentir le pas.

Janine s'est vite aperçue qu'elle avait négligé son aspect physique. Le composé trois l'a aidée à se regarder plus objectivement, à analyser ses lacunes par rapport à ses trois aspects. Elle s'est mise à travailler à des heures plus régulières, à considérer que ce qui n'était pas terminé pouvait attendre au lendemain; qu'elle devait faire régulièrement de la marche au lieu de se servir de la voiture pour aller au coin de la rue; manger trois repas par jour et surveiller sa nourriture: plus de légumes et de fruits autant que possible. Durant la journée, les pauses seront également bonnes pour elle; et, surtout, elle devra prendre le temps de faire des exercices de relaxation, afin de pouvoir se coucher dans un état de détente et de minimiser les pensées obsessionnelles. La méthode de «l'entraînement autogène» de J.H. Schultz lui a fait le plus grand bien. En voici les grandes lignes:

Prenez la position qui est la plus confortable pour vous: soit couché, soit assis. (Personnellement, je vous recommande de vous habituer à alterner ces deux positions car vous devrez développer le réflexe de pouvoir relaxer au besoin, à tout moment et dans n'importe quel endroit.) Si vous êtes couché, posez vos deux mains sur votre ventre, une main un peu sous la ceinture et l'autre juste au-dessus, sur la région du plexus solaire, (ceci est une adaptation personnelle). Pour la position assise, même directive. N'hésitez pas à bien insérer une main sous la ceinture, afin que vos mains et vos bras puissent tenir en place sans effort. Vous pouvez aussi poser vos avant-bras sur vos cuisses, en prenant soin de laisser pendre vos mains à l'intérieur de vos cuisses. Ces deux méthodes favorisent le réflexe de la chaleur et constituent la troisième partie de l'entraînement autogène. Fermez les yeux en prenant une longue et profonde inspiration, et en vous assurant que les régions ventrale, abdominale et thoracique sont bien gonflées; retenez ensuite quelques instants votre respiration puis expirez. Répétez cet exercice à trois reprises.

Durant cet exercice, il est très important de répéter en vous-même les paroles suivantes:

«Je suis tout à fait calme. Je suis parfaitement calme».

Ces paroles avec le temps et la pratique vous serviront de catalyseur, de stimulus et vous aideront à relaxer presque instantanément.

Relaxez ensuite tous les muscles de votre corps en commençant par le visage, le front, les yeux, le nez, les lèvres; relaxez les mâchoires, la langue, relâchez la tension de la nuque, les épaules, les bras, les mains, relaxez aussi le thorax, le dos, le ventre, les fesses, les cuisses, les mollets et les pieds.

Laissez-vous emporter par les vagues ondulantes du sommeil.

1- LA LOURDEUR

Ensuite, dites mentalement:

«Mon bras dominant devient lourd, très lourd, de plus en plus lourd, comme attiré vers la terre.
Mon bras est lourd comme du plomb.
Une sensation de poids.
Lourdeur.»

(**N.B.:** Le bras dominant est celui que vous utilisez pour écrire et manger.)

Pour obtenir de meilleurs résultats, vous devrez pratiquer cette méthode une à deux fois par jour durant une ou deux semaines. L'exécution de cette technique ne prend que de deux à trois minutes. Vous ne devez pas forcer le réflexe de lourdeur du bras dominant, car il viendra de lui-même tout naturellement en temps et lieu. La régularité de la pratique sera la règle du succès.

J'insiste sur le fait que vous ne devez pas passer aux autres parties de la méthode avant d'avoir ressenti une certaine lourdeur de votre bras dominant. Cette sensation de lourdeur est différente d'une personne à l'autre. Lourdeur signifie décontraction musculaire complète. Faites-en l'essai: soulevez votre bras avec l'autre main et laissez retomber votre bras sur vous-même, sur le plancher ou sur le lit; s'il tombe comme une pierre, sans résistance, vous avez atteint «lourdeur»; sinon, exercez-vous à soulever et à laisser retomber votre bras, afin de vous donner une idée de cette notion de lourdeur.

Après une ou deux semaines, (peut-être plus pour certaines personnes), la sensation de lourdeur du bras dominant se fera sentir d'elle-même, sans avoir à forcer. Elle se propagera à l'autre bras, et naturellement, d'elle-même dans tout le corps et presque dans les jambes qui, elles aussi, deviendront lourdes. C'est bon signe, mais il faut que vous soyez patient.

Vous pourrez ensuite répéter mentalement: «Mes deux bras sont lourds, très lourds, de plus en plus lourds. Tout mon corps est lourd. Lourdeur.»
(Avec le temps et la maîtrise, seul le mot «lourdeur» suffira pour vous permettre d'atteindre cette sensation.)

Lorsque vous aurez «maîtrisé» cette technique de la lourdeur du corps (après environ de 2 à 3 semaines d'entraînement pour la plupart), vous pourrez passer à la deuxième phase de l'entraînement autogène: *la chaleur*.

2- LA CHALEUR

Vous répétez mentalement:

«Mon bras dominant devient chaud; chaud comme s'il était exposé au soleil.»

En plaçant (tel que mentionné) vos mains sur votre ventre, vos mains et vos bras deviendront chauds plus rapidement.

Avec le temps, dans les jours ou les semaines qui suivront (une à deux semaines), votre bras deviendra presque automatiquement chaud sur commande: «Mon bras dominant devient chaud». Cette sensation de chaleur se propagera à votre autre bras et dans tout votre corps. À ce moment-là, vous pourrez vous répéter mentalement:

«Mes deux bras deviennent chauds.»

Et, éventuellement:

«Mes bras et mes jambes sont chauds, comme exposés aux rayons du soleil.»

Plusieurs expériences ont révélé que l'on pouvait facilement (avec un peu de pratique) augmenter de quelques degrés la température dans certaines parties de notre corps, par simple conditionnement.

Je vous recommande fortement de ne pas vous presser quant à cette méthode. Soyez régulier dans vos pratiques et surtout, n'attendez pas de résultats immédiats. Si vous réussissez dans un bref délai, tant mieux! Sinon, soyez patient car les sensations viendront d'elles-mêmes. Les bienfaits que vous procureront cette méthode surpassent de beaucoup le temps et les efforts que vous y aurez consacrés.

Une fois que vous aurez atteint le calme, le relâchement musculaire complet et la sensation de chaleur, vous pourrez ensuite répéter mentalement:

3- LE COEUR

«Mon cœur bat calmement, tranquillement, parfaitement et joyeusement.»

4- LA RESPIRATION

Vous pourrez ensuite respirer profondément, tranquillement et naturellement en vous répétant mentalement:

«Il y a quelque chose qui respire en moi.»
«Je sens mon ventre qui s'élève et qui s'abaisse comme un bateau sur l'eau.»
«Tout mon corps respire.»

Et finalement:

5- LE PLEXUS SOLAIRE

«Mon plexus solaire irradie de la chaleur.»
(Le plexus solaire est la région située entre le sternum et le bas-ventre, sous le nombril.)

«Mon ventre devient chaud à l'intérieur.»

Des études ont démontré qu'une personne souffrant d'anxiété et de nervosité pouvait être calmée si elle augmentait sa température par imposition de ses mains sur la région du ventre. Essayez-le et vous en constaterez les effets.

Avant de débuter votre séance de relaxation, assurez-vous de ne pas être dérangé. Décrochez le téléphone ou faites retenir vos appels.

Il est recommandé au début de ne pas dépasser cinq minutes, car il ne faut pas forcer la relaxation. C'est pour cette raison que cette méthode est nommée «passive». Éventuellement, vous pourrez y consacrer de 10 à 15 minutes dans le confort de votre foyer. Vous pouvez aussi accompagner votre pratique d'un disque de relaxation ou de musique classique, selon votre choix. Vous pouvez aussi, si vous le désirez, enregistrer votre propre voix afin de vous donner des directives en y ajoutant de la musique de détente. Une fois que vous aurez effectué toutes les étapes nécessaires: 1) lourdeur, 2) chaleur, 3) cœur, 4) respiration, 5) plexus solaire, vous pourrez vous dire mentalement:

6- LE FRONT

«Mon front est agréablement frais.»

«Il y a comme une brise rafraîchissante sur mon front.» Car si vous ressentez une sensation de fraîcheur à la région frontale et que le reste du corps est chaud, cela assure une meilleure détente.

C'est le même principe qui fait que, lorsque vous êtes couché sous de bonnes couvertures chaudes et que votre fenêtre de chambre est légèrement ouverte, vous dormez mieux.

Lorsque vous prenez un bain chaud, imbibez un linge d'eau froide (et non glacée) et posez-le sur votre front... expérimentez vous-même les merveilleuses sensations de détente qui en résultent.

Retournons maintenant à l'aspect psychologique. Cet aspect est l'un des plus difficiles à changer, car nous sommes des créatures d'habitudes: bonnes et mauvaises. Il semble que nous soyons lents et réticents aux changements. Ce type de fonctionnement est très profondément ancré dans le subconscient. Et tout comme Janine (55 ans), c'est généralement quand on n'a plus de réserve d'énergie et que l'on a tout essayé par soi-même pour remédier à ses problèmes, que l'on se retrouve chez le psychologue.

Le psychologue se retrouve alors face à un individu quelque peu exténué qui cherche bien souvent «la pilule magique», la solution de facilité. Le patient devra quand même assurer sa propre responsabilité pour changer. Le psychologue lui servira simplement de «guide» afin de l'assister dans sa démarche.

L'aspect spirituel

Ceci nous amène maintenant au troisième aspect: le spirituel, l'esprit, la volonté, la réalisation de soi, la «perfection».

Cet aspect-là n'est pas facile à décrire, car il est semblable au niveau de conscience atteint lorsque le travail a été adéquatement effectué aux niveaux psychologique et physique. C'est la sagesse atteinte après maintes et maintes recherches. Pour certains, il peut représenter la sainteté, la pureté ou tout simplement le retour à la source: l'harmonie avec soi-même et l'univers.

Cet aspect de l'esprit est celui qui nous guide tout le long de notre cheminement terrestre, sous la forme d'intuitions, de révélations, de force qui nous attirent toujours de plus en plus dans les profondeurs de notre être. C'est effectivement le retour à la source ou à la grande question. «D'où venons-nous? Que sommes-nous? Où allons-nous? qui est maintenant résolu. C'est cette voie intérieure qui nous rappelle (souvent lors de moments pénibles ou en cas de maladie) l'aspect fugitif de la vie et nous porterait à chercher les trésors qui ne peuvent être volés ou détruits par le temps. C'est la véritable richesse intérieure qui nous apprend à regarder les biens de la terre comme des outils servant uniquement à notre évolution.

Les manifestations extérieures de cet aspect prennent la forme de retraites fermées, de manifestations d'amour, de prise de conscience universelle, de respect pour toutes les entités vivantes, c'est aussi cette révélation, ressentie au plus profond de notre cœur, que toutes les formes de vie animale ou végétale ont un certain degré de conscience, qu'elles sont nos frères et sœurs, souffrant aussi sous le poids de la maladie, et fondant sous une caresse d'amour.

Finalement, c'est cet instinct qu'ont l'homme et la femme de s'unir et d'atteindre la perfection, le surpassement de leurs capacités et le dépassement de la dualité du monde matériel par l'entremise d'une méditation régulière sur la parole de Dieu qui transformera notre conscience.

Cette nouvelle conscience se résume peut-être en ces quelques mots:

> «Ah, si je pouvais arriver à voir la vie à travers des yeux d'enfants...»

CHAPITRE VI

LES TECHNIQUES DE COMMUNICATION

Communiquer, c'est SAVOIR parler
et écouter en temps et lieu.

Dans le but de rajouter à vos *habiletés* de communication, voici quelques techniques qui sauront vous aider à mieux comprendre celui ou celle qui voudra bien partager son vécu par l'entremise de ce nouvel outil de croissance personnelle que sont vos psycho-pièces.

Au travail, à la maison ou avec les amis, il apparaît de façon assez évidente que le «manque» de communication semble être la cause de nombreux problèmes de nature psychologique. En réalité, on ne peut jamais «manquer» de communication car tout ce que l'on fait en pensée, en parole et en action — le silence même —, nous transmet directement ou indirectement un message.

À leur façon, les animaux aussi ont leur langage, leur mode de communication, que ce soit par leurs cris, leurs mouvements ou leurs comportements. Mais ce qui est déplorable, c'est de constater jusqu'à quel point l'homme «civilisé», bien qu'il sache lire, écrire et parler différentes langues, a toujours de la difficulté à se faire comprendre de ses semblables. Il serait donc raisonnable d'apprendre les notions de base qui font partie du processus de la communication.

Maîtriser ces techniques pourra vous être d'une aide appréciable lorsque vous aurez à discuter de vos problèmes et des solutions. Vous diminuerez ainsi les mésententes.

Selon l'auteur Gerard Egan, il y a cinq principes de base en matière de communication:

1- être attentif
2- être empathique
3- avoir du respect
4- être concret
5- être authentique

Premier principe: être attentif

Saviez-vous que lorsque vous discutez avec une autre personne, 40% de votre message est transmis verbalement et que les 60% restants le sont de façon non verbale. C'est donc dire que votre corps, votre posture et vos manières, votre façon de regarder et de hocher la tête sont aussi importants que ce que vous exprimez verbalement.

Lorsque vous êtes assis pour discuter, montrez-vous intéressé en adoptant une posture détendue, c'est-à-dire que vos jambes doivent être confortablement croisées et vos bras appuyés légèrement sur les appuie-bras de la chaise. La posture est très importante car elle invite à la discussion et produit un climat de chaleur humaine. Comparez l'exemple d'une personne assise derrière son bureau les deux bras croisés. Cela ne vous fera sans doute pas le même effet! C'est tout de suite plus froid et plus distant. Bien entendu, il faut s'adapter aux situations et à notre environnement. Même derrière un pupitre, vous pouvez démontrer de la chaleur en vous inclinant vers l'avant et en regardant dans les yeux la personne mais sans la fixer. Fixer est reconnu comme étant un signe d'agressivité dans certaines cultures, et aussi chez les animaux. Fixez un chien dans les yeux un bon moment et observez sa réaction... S'il y a une pancarte qui indique «prenez garde au chien», je vous conseille de remettre ce projet à plus tard.

Deuxième principe: être empathique

Essayez de «vous placer dans la peau de l'autre». Vous devez lui montrer que vous l'écoutez et que vous le comprenez, ou au moins que vous faites un effort. Essayez de voir le monde à partir de la perception de l'autre personne, essayez de regarder à travers ses yeux et placez-vous dans ses souliers pour quelques minutes. Ce n'est pas suffisant de simplement écouter ce que l'autre vous dit; vous devez lui communiquer ce que vous avez compris de son message.

Demandez-vous toujours durant la conversation ce que l'autre essaie vraiment de dire, quel est son message et, surtout, n'ayez pas peur de demander des explications, des précisions, de façon à être certain d'avoir compris en profondeur ce que l'on essaie de vous dire.

N'essayez pas de deviner ce que l'autre vous dit, ou ne prenez pas pour acquis que vous avez tout compris, mais soyez certain que tout est clair pour vous. Vous pouvez dire: «Juste pour clarifier un peu, tu me dis que...» ou «Si je comprends bien, il me semble que...»

Troisième principe: avoir du respect

Les gens ne se confient pas aux personnes qui se moquent ou rient d'eux. Vous devez inspirer la confiance et le respect en acceptant la personne telle qu'elle est.

Montrez-lui que vous lui êtes favorable et que vous ne la rejetterez pas comme individu. Il est également bon de ne pas juger la personne ou ses opinions car chacun a droit à ses opinions; cela ne vous oblige pas à être d'accord avec elle, partagez tout simplement vos propres convictions.

Lors de vos échanges, n'ayez pas peur de discuter les idées de votre interlocuteur si vous n'êtes pas tout à fait d'accord avec lui. Vous avez le droit vous aussi de vous exprimer.

Dans le couple, s'il y a une dispute, l'un des conjoints peut se sentir rejeté, parfois, en tant que personne à cause des critiques. C'est dans ces moments-là qu'il faut bien faire comprendre aux gens que vous critiquez ce que la personne a fait et non pas LA personne elle-même! Il y a une grande différence entre les deux. Il n'est pas question d'aimer ou de haïr la personne pour autant, mais de critiquer le fait, le mauvais comportement. En voici un exemple typique: «Je te dis que tu es pas mal stupide d'avoir agi aussi bêtement à cette réception». Traiter quelqu'un de cette façon est humiliant, dégradant et de fort mauvais goût. De plus, cela ne favorise en rien une bonne communication. Une remarque comme celle-ci est préférable: «Ton comportement lors de la réception m'a déplu et embarrassé». De cette façon, vous parlez de vos sentiments véritables ainsi que de vos observations personnelles par rapport à la situation critiquée.

Il faut donc critiquer la chose et non la personne en n'oubliant pas que toute critique doit avoir un but précis: remédier à une situation, à un problème. Critiquer pour critiquer ne mène à rien ou plutôt mène à des disputes et à la séparation. Alors que «critiquer» de façon constructive devient productif.

Il y a un autre petit détail très important: «tout peut se dire dans la vie, mais cela dépend de la façon dont c'est dit».

Quatrième principe: être concret

Autant que faire se peut, lorsque vous discutez, essayez de transmettre votre message le plus clairement possible; évitez d'être vague, donnez des exemples précis, faites des comparaisons s'il le faut afin que l'on vous comprenne bien.

Évitez les discussions style «queue de poisson», celles qui tournent en rond et qui ne mènent à rien. Ne vous laissez pas détourner de votre sujet principal. Si vous avez quelque chose de précis à dire, énoncez-le clairement en utilisant un certain doigté, un certain tact. Évitez d'esquiver votre sujet.

Parler pour parler est intéressant mais assurez-vous à la fin d'une discussion sérieuse que vous avez tous les deux exprimé clairement votre point de vue et prenez les moyens pour remédier à une situation qui demande à être changée. Il est bien de fixer un but à la discussion, pour ensuite s'entendre sur les points à améliorer. Ne restez pas dans l'inquiétude ou le doute, communiquez vos pensées et vos sentiments face à tel ou tel problème, afin d'en trouver, ensemble, la solution.

Chacun doit alors assumer ses propres responsabilités pour changer ce qu'il est nécessaire de changer. Chacun doit avoir clairement compris ce que l'autre attend de lui. Si l'autre ne change pas, rappelez-lui la nature et les objectifs de son «contrat». Être adulte signifie «prendre ses responsabilités et mener ses objectifs à terme».

Être concret veut également dire de parler en terme de «je», au lieu de «nous» ou «on». Trop souvent, lors de discussions, les gens évitent de parler d'eux-mêmes en disant «on pense comme ça» «on aime cela»; mais qui donc est ce «on»? Il serait préférable de s'approprier les sentiments et les paroles en disant «*Je* pense comme ça», «*J'*aime cela». Évitez les généralités et identifiez-vous à vos phrases. Après tout, «on» ne parle que de soi...» (ou presque).

Cinquième principe: être authentique

C'est très important. Nous ne sommes pas attiré par les gens qui se prennent pour ce qu'ils ne sont pas. Soyez vous-même: franc, honnête, et surtout soyez humain en montrant vraiment ce que vous ressentez et pensez. Évitez d'être sur la défensive. Partagez, quand le moment est opportun, vos expériences afin de montrer à l'autre que, vous aussi, vous avez déjà vécu une expérience semblable; la personne se sentira alors plus comprise et moins seule avec son problème. Soyez aussi spontané que possible dans vos échanges, cela incitera l'autre à se confier davantage.

Ces principes que nous venons de regarder ensemble constituent une base générale des techniques de la communication. À l'université, un tel cours est réparti sur plusieurs sessions à temps complet; alors, il est certain que dans ce présent ouvrage nous n'avons pu qu'effleurer son contenu.

Il ne me reste plus qu'à vous souhaiter, par l'entremise de vos psycho-pièces, un épanouissement à votre mesure.

BIBLIOGRAPHIE

Livres consultés ou à consulter pour ajouter à vos connaissances concernant le présent ouvrage.

AUN WEOR, Samaël. *La psychologie révolutionnaire*, Montréal: Les Éditions Ganesha, 1982.

BLUM, Ralph. *The Book of Runes*, New York: St. Martin's Press, 1982.

CHEVALIER, Jean; GHEERBRANT, Alain. *Dictionnaire des symboles*, Paris: Éditions Robert Laffont et Éditions Jupiter, 1969.

DAVIDSON, H.R. Ellis. *Scandinavian Mythology*, England: Newnes Books, 1984.

EGAN, Gerard. *The Skilled helper*, Monterey, California: Brooks-/Cole Publishing Company, 1975.

GRAY, Eden. *The Tarot Revealed*, New York: The New American Library, Inc., Signet Books, 1960.

KAKUZO, Okakura, *Le livre du thé*, Paris: traduit de l'anglais par Gabriel Mourey, Dervy Livres, 1969.

KEMPIS, Thomas A. *L'imitation de Jésus-Christ*, Paris: Traduction de F. de Lamennais, Éditions du Seuil, 1961.

KIELCE, Anton, *Le taoïsme*, Paris: Collection Orient Secret, M.A. Éditions, 1984.

LAO TZU, *Tao Te Ching*, Great Britain: Traduit par D.C. Lau, Penguin Books, Ltd. 1963.

OUSPENSKY, P.D. *Fragments d'un enseignement inconnu*, Paris, Éditions Stock, 1974.

ROUSSEL, Denise, *Le tarot psychologique*, Montréal: Éditions de Mortagne, 1983.

SCHULTZ, J.H. *Le training autogène*, Paris: adaptation française de R. Durand de Bousigen et Y. Becker, Presses Universitaires de France, 1972.

SEGOND, Louis. *La Bible*, Belgique, La Société Biblique Belge, 1973.

SMULLYAN, Raymond M. *The Tao is Silent*, New York, New York: Harper & Row Publishers, Inc., 1977.

WILHELM, Richard. *Yi King, le livre des transformations*, Paris: Préfacé et traduit de l'allemand en français par Étienne Perrot, Librairie de Médicis, 1973.

Lithographié au Canada
sur les presses de
Métropole Litho Inc.